混迷する日韓関係打開の道

—日本の戦争責任・植民地支配責任と「日本軍性奴隷」問題—

安川寿之輔

目次

はじめに――

戦争責任・植民地支配責任は未来責任である

戦争責任というと、過去にかかわる出来事や問題と考えることに、最初の誤りと躓(つまづ)きがある。戦争責任・戦後補償をどれだけ誠実に償ったとしても、日本の侵略戦争で殺された2000万を越すアジア諸国民の命は戻らず、日本軍性奴隷女性に真っ当な補償金を支払ったとしても、その青春を蹂躙されたかの女たちの人生が元に戻らないことも明白である。つまり、過去の戦争責任というものは、償わなければならないが、基本的に償い切れないものである。

その意味から、戦争責任のポイントは、侵略戦争と植民地支配の過去への誠実な謝罪と反省にたって、日本の社会が二度とふたたび戦争や植民地支配への道を歩むことを許さないという未来責任にこそある。

1945年のアジア太平洋戦争の敗戦からの日本国民の再生の出発点を飾る

「日本国憲法」も、その前文冒頭で「日本国民は、…政府の行為によって再び戦争の惨禍が起ることのないようにすることを決意し、ここに主権が国民に存することを宣言し、この憲法を確定する。」と規定することで、主権在民の宣言と「政府の行為によって再び戦争の惨禍が起ることのないようにする」ことの主権者・日本国民の「決意」を不可分の課題と規定していた。

戦争責任のポイントを過去の責任よりも未来に向けての責任であると考えることによって、戦後世代の日本人と、未来の主権者である「戦争を知らない子どもたち」にも戦争責任があるという主張は、容易に理解できるし、子どもたちに過去の日本の侵略戦争の実相をしっかり伝える近・現代史重視の歴史教育の重要性も理解できるのである。

戦争責任を、未来に向けての歴史と社会と教育の主体的な担い手としての主権者国民の責任ととらえることが出来れば、「戦後責任」という発想の理解も容易になる。昭和天皇が「下血」を繰り返す死の病床にあった1988年10月に、台湾12団体の反日デモ隊のプラカードには「天皇が一言もその責任を謝罪しないのは、日本人の恥」と書かれていた。

敗戦直後の時点で、日本の国民が天皇を筆頭とする支配者の戦争責任を追及したり、自らの戦争責任に覚醒したり自覚することが出来なかった事実については、戦前のきびしい言論・表現の自由の抑圧や、天皇制軍国主義教育・国家主義教育の支配の名残りを勘案して、当時の日本人の戦争責任意識の遅れについて一定の弁解や釈明をすることは可能であろう。しかしながら、国民こそが主権者となり、言論・表現の自由も基本的に認められた戦後40数年にわたり、伊丹万作（映画監督）、渡辺清（「わだつみ会」事務局長）、木村久夫（BC級戦犯として処刑、『きけわだつみのこえ』）らのような支配者の戦争責任追及の懸命の努力にもかかわらず、昭和天皇にその明白な戦争責任を一言も謝罪させられなかった巨大な戦後責任が、主権者＝日本国民にあることは明白である。

残念ながら、戦後改革によって主権者日本国民の地位を確立し認められた日本国民は、戦後民主化の道のりを、例えば、同じ旧枢軸国イタリア国民がムッソリーニ首相を自ら処刑し逆さ吊りにしただけでなく、1946年6月の1272万対1072万票の国民投票によって、ファシズムを支えてきた君主制（日本では天皇制）を廃止し、国王一族を国外追放したように（ドイツの場合は、ヒットラーは自殺することで、最低限の責任をとった）、先ず過去の天皇裕仁を筆頭とする日本の支配者の戦争責任を追及・告発することを求められていた。

20世紀の世界史において、君主のもとで戦争を始めて敗れた国では、日本以外すべて君主制は廃止になっており、私たちは天皇裕仁の戦争責任免責が世界史的に唯一の異例の出来事である事実を、恥じる思いで認識する必要がある。

加えて、国民を侵略戦争に動員する巨大な役割を果たしたマスコミ、学校教育、司法、警察、宗教関係者等の戦争責任を追及・告発することが考えられる。例えば、ドイツとイタリアにおいてと同様に、侵略戦争遂行に協力した新聞が戦後基本的にすべて廃刊となるような展開が期待されるが、日本ではそうした責任追及は基本的になされず、超例外的な事例として、8月の敗戦時に、侵略戦争に加担した自らの戦争責任をとって、むのたけじが「朝日新聞」を退社したり（その後、むのは100歳を超えてもなお反戦の闘いを続けた）、三浦綾子が同じ戦争責任をとって小学校教員を自発的に辞職するような稀な事象（『石ころのうた』角川文庫）にとどまった。

1、第一の衝撃波—

日本軍性奴隷問題提訴と

「河野談話」・「アジア女性基金(1995年〜2007年)」

1991年12月に韓国の元日本軍性奴隷キム・ハクスン(金学順)が、東京地裁に提訴以来、日本政府はこの日本軍性奴隷問題への対応を一貫して誤って来た。そのため、国連人権委員会などで活躍した戸塚悦朗弁護士(龍谷大教員)が「日本の歴史上、これだけ世界と国際機関が日本非難に関与したことは前例がありません。満州事変の時、(柳条湖事件に際して、国際連盟のリットン調査団が派遣され、侵略認定の対日勧告案が出され、日本のみの反対で、総会が42対1で採択し、日本は国際連盟を脱退)以来のことです。」(『日本が知らない戦争責任』現代人文社)と指摘しているように、日本は、韓国を筆頭とするアジア諸国、アメ

キム・ハクスン(金学順)さん

リカを先頭とする世界諸国、なによりも国連の人権関係委員会から一貫してくり返し(性奴隷問題の戦争責任を)きびしく批判され続けている。

私は、日本軍性奴隷問題を、戦後日本政府と日本社会の戦争責任・植民地支配責任の未決済・未解決・不清算の象徴と確信して、以来20数年、購読する「朝日」「毎日」「中日」「赤旗」新聞4紙の日々の記事から手製の「日本軍性奴隷問題年表」の作成を続け、いまやその分量はA4紙で90枚をこす膨大なものとなっている。その年表も生かしながら、私の日本軍性奴隷問題の学習ノートを、以下、綴ってみたい。

2019年8月初旬、国際芸術祭「あいちトリエンナーレ2019」の企画展「表現の不自由展・その後」が、開催に反対・批判する数千件(1ヶ月で1万379件)の電話(「電凸」)、メール、ファクスなどの殺到により、開催3日後に展示中止になる事件(10月8日から6日間展示再開)が発生した。抗議行動の先頭に立った河村たかし名古屋市長(本書に3度も登場する確信犯的「歴史修正主義」者)は、日本軍性奴隷を象徴する(キム・ソギョン、キム・ウンソン夫妻制作の)「平和の少女像」の展示を「日本人の心を踏みにじるもの」と批判し、中止と撤去の要請をした。戦後最大規模の検閲事件となった「展示中止」事件での河村市長の行動は、はしなくも、日本軍性奴隷問題が依然未決済のままである事実と、（韓国を中心に設立された世界で80基をこす数の）「平和の少女像」が日韓関係につきささった巨大なトゲである事実を、世界に向けて発信した（『あいちトリエンナーレ「展示中止」事件』岩波書店）。

1990年6月の参議院予算委での日本軍性奴隷問題への日本政府の虚偽と不誠実な答弁（「慰安婦」は「民間の業者が軍とともに連れ歩いた」「調査はできかねる」）に怒って、キム・ハクスンは、翌91年8月14日に、日本を告発する記者会見を開いて、（女性の「貞操」が日本以上に問われる韓国社会でありながら）初めて実名で自分が日本軍性奴隷であった事実をカミングアウトした。その行為は、人類史に女性の人権問題を真正面から突き付けた偉業であり、この記念の日（「キム・ハクスン記念日」）を、国連のメモリアル・デーにする世界的な運動は、今も続けられている（韓国では、90ページからで紹介するように、17年11月に記念日の法案が成立）。

同年12月6日の東京地裁提訴の際の記者会見で、キム・ハクスンは、自分の人生を滅茶苦茶にした日本の「日の丸」旗への「恨（ハン）」を証言しただけでなく、97年12月の死に際しても、誤った村山内閣の「アジア女性基金」を受けとらないで、と遺言した。

池田恵理子（「女たちの戦争と平和資料館」名誉館長）も指摘しているように、日本軍性奴隷問題をめぐって、問題が浮上して解決の兆しが見え始めると、途端に日本社会ではバックラッシュがひき起こされるという同類の波が、すでに四半世紀以上にわたって繰り返されている。第1波がキム・ハクスンたちの日本政府の謝罪と補償を求めた91年12月の東京地裁提訴であった。91年のキムらの提訴に続いて、94年にかけて日本軍性奴隷とされた韓国、フィリピン、在日韓国人、北朝鮮、中国、台湾、インドネシア、オランダなどの女性の提訴が次々と続いた。韓国では92年1月の宮沢喜一首相訪韓時から、キムたちを支援する毎週の日本大使館前の「水曜デモ」が開始され、すでに1447回を越えて2020年の今も続けられている。また、元性奴隷たちの共同生活施設としての「ナヌムの家」も開設された（92年10月）。

92年1月の「軍の関与は否定できない」の官房長官談話、同年7月の「従軍慰安婦」問題第一次調査結果の公表をへて、93年8月4日、宮沢内閣の河野洋平官房長官が、第二次政府調査結果をふまえて、性奴隷制への日本軍の関与と強制性を認め、「心からのお詫びと反省の気持ち」の談話を表明した。この官房長官談話は、「総じて強制の事実があった」という曖昧な表現にとどまり、その結果、「国家補償」は否定して代替措置を検討するという不十分な方向性をもった内容であり、以後、その強制性認識についての右翼陣営の介入・攻撃を招き、後の問題の「アジア女性基金」につながる限界をもっていたが、この時点では、日本政府のそれなりに上出来の誠実な対応であった。

日本軍性奴隷問題に象徴されるように、アジア諸国から日本の戦争責任を厳しく告発・糾弾する声がたかまる時代状況を背景にして、「河野談話」直後の政権交代で登場した非自民8党派連立の細川首相が、組閣翌日（93年8月10日）の記者会見で「先の大戦」が「間違った」「侵略戦争」であったと（戦後日本の総理としては初めて）表明した事実も、日本社会に直接の衝撃波をもたらした。

もちろん、「大東亜戦争は、国家、国民の生命と財産を護るための自衛戦争」と主張する、日本遺族会の細川発言撤回要求の抗議声明も公表されたが、細川首相の発言自体は、全体として好意的に受けとめられ、「朝日」の世論調査でも支持が7割をこえた。しかしながら、その「侵略戦争」認識の内実にはなお大きな限界があり、その典型が9月11日の「朝日」「論壇」欄に掲載された作間忠雄の投稿〈「侵略戦争」と親友兵士の死〉であった。

同月末の「天声人語」が望ましき「最近のことば」として、作間論稿から以下の部分を良識派の戦争責任論として、賞賛的に引用した。

「当時の戦争指導者とその追従者を除けば、圧倒的多数の兵士は戦争の「犠牲者」であったとしかいえない。‥しかし、それは決して「犬死に」ではない。まして断じて「侵略の加担者」ではないのである。彼らは「日本国憲法」に化身して、平和日本の礎となった、と私は確信している。」

作間は「太平洋戦争が‥侵略戦争であったことは歴史の定説」と認めながら、浪花節的な戦没者＝「平和日本の礎」論・英霊論に基づき、兵士の「侵略の加担」や加害者性を否定し、過半数の兵士が餓死で死んでいるのに「犬死に」ではない、と無謀な強弁を連ねているのである。

河野談話と細川発言の翌94年から、『坂の上の雲』の司馬遼太郎史観との出会いを契機に「近現代史教育の「改革」運動」を始めていた藤岡信勝（東大教育学部教授）らの登場が、日本における歴史修正主義の端緒であった。藤岡は、翌95年2月に（「明るい栄光の明治」と「暗い昭和」を分断する）「自由主義史観研究会」を発足させ、翌96年6月、97年度版の全社の中学歴史教科書に「慰安婦」記述の登場が決まると、「明るい日本・国会議員連盟」（96年6月発足）、「日本の前途と歴史教育を考える若手議員懇談会」（97年2月発足、安倍晋三が事務局長）、「日本を守る国民会議」などの右翼議員や右翼団体とタイアップして、教科書の「慰安婦」記述の全面削除を要求する運動を開始し、さらに96年末には西尾幹二、小林よしのり（98年7月『戦争論』刊行）、高橋史郎らとともに、藤岡は「新しい歴史教科書をつくる会」も発足させた。

自民・社会・さきがけの連立政権として成立した村山内閣は、95年8月15日に「植民地支配と侵略」への「痛切な反省」と「心からのお詫びの気持ち」の「村山談話」を表明した後（村山首相が昭和天皇の戦争責任は「ない」と即答するような限界をもった歴史認識が前提）、95年7月から日本軍性奴隷問題に対して、国民からの募金を集め、その寄付金を「償い金」として被害者に支払う「女性のためのアジア平和国民基金」（以下、

「アジア女性基金」「女性基金」「基金」と略称)を発足させた(2007年3月解散)。

10年余にわたる(和田春樹、大沼保昭らの進歩的知識人も多数参加した)この「アジア女性基金」の戦後補償事業は、二重三重の意味で明確に誤った施策であり(韓国挺対協など内外43団体が「女性基金」の発足そのものに反対声明)、日本軍性奴隷問題の解決にはつながらなかった。第1に、(日韓基本条約による国家間賠償の終了を口実として)国民からの募金を「償い金」として被害者に支払う方策は、日本軍性奴隷制への日本軍の関与と強制、つまり日本国家・日本政府の法律的・道義的な責任を曖昧にし、弥縫する欺瞞的な方策であった。

批判的な評価を列挙しておこう。「加害の主体と責任が曖昧であった」(西野瑠美子)、「性格不明な対処」(坂本義和)、「今までの人権蹂躙に加えて、精神的屈辱を与えました」(尹貞玉)、「施しはいらない、尊厳がほしい」(性奴隷)、「マヌーバー(騙しの策略)…やるべきことをやらずに、ひたすら…やってはならないことばかりをやって、事態をこじらせ、…」解決を妨害した(有光健―田中宏ほか『未解決の戦後補償』創史社)。

第2に、こうしたきびしい評価の正当性は、「アジア女性基金」を、最多の被害者を余儀なくされた「韓国の慰安婦の圧倒的多数(97%)が拒絶」(坂本義和)した事実によって裏付けられている。長沼節夫「時事通信」記者は、95年の取材時に元性奴隷ハルモニから、泣いて「日本は私たちを二重に侮辱する気か」と訴えられ、「日本はまるで裏口で乞食にそっと施しを与える態度だ」、「賠償は二の次」で「公式謝罪してほしかった」と言われた（前同書）。

この証言は、国家＝日本政府の責任を逃げている「女性基金」の誤りに対する端的な批判であり、被害者が高齢だから賠償を急ぐ必要があるという一部「基金」関係者の「善意」は、かの女の「日本は私たちを二重に侮辱する気か」「私たちにも人間として誇りがある」という怒り、つまり性奴隷たちの人間としての「尊厳と誇り」を理解できない日本人の「帝国意識」の残滓（ざんさ、残りかす）＝「植民地主義的心性」への痛撃である。だからこそ、性奴隷の象徴的存在であった（「世界で最も勇気ある女性賞」を受賞した）キム・ハクスンは、97年末の死に際して、＜「女性基金」をうけとらないで＞と遺言したのである。また、「女性基金」呼びかけ人の三木睦子（三木武夫首相夫人）も役を離脱した。

第3に、性奴隷被害の当該国でない多数の世界諸国と国連諸機関の圧倒的多数が、性奴隷制を明確な戦争犯罪と女性への人権蹂躙と批判し、日本政府の公式の謝罪と賠償その他の措置を要求している。とりわけ、国連諸機関による日本批判は、冒頭の戸塚悦朗弁護士の「これだけ国際機関が関与したのは前例がありません。」と指摘した通りである。ここ四半世紀余の日本が、世界から自国の「戦争責任をとれない」破廉恥な国として非難をあび続けている事実を、私たちが自己認識するために、その経緯を考察しておこう。

村山内閣の「女性基金」発足の半年後、96年２月、国連人権委員会は、（「女性基金」にかわる）性奴隷制への公式謝罪と個人補償を求めた６項目（国際法違反、損害賠償、責任者処罰、関係資料の公開、公式謝罪、教科書の改善）勧告の「クマラスワミ報告書」を公表し、４月に採択した。同年３月、国際労働機関ＩＬＯ専門委員会は、日本政府に「慰安婦」の（１９３２年に日本も批准している）強制労働に関する29号条約違反と適切な措置要求の勧告を行い、以来、２００９年まで10回以上もの勧告を繰り返している。98年８月、国連人権小委員会は、「20万人以上のアジア女性を強制的にアジア各地のレイプセンターで性奴隷にした」日本軍奴隷制への日本政府の法的賠償責任と責任者の訴追・処罰を骨子とする「マクドゥーガル報告書」を公表し、２０００年８月にも性奴隷問題の早期解決を勧告した。

2、第二の衝撃波と世界的指弾—

「日本軍性奴隷制を裁く女性国際戦犯法廷」

（2000年12月）

国連を含む世界諸国のきびしい「アジア女性基金」批判はまだまだ続くが、日本軍性奴隷問題に直接の強力な衝撃をもたらす第2波として、日本の腰ぬけ裁判所にかわって、2000年12月（8～12日）に東京で開催された「日本軍性奴隷制を裁く女性国際戦犯法廷」の歴史的な判決と、それゆえの直接のバック・ラッシュとしての安倍晋三（当時、内閣官房副長官）らによる「NHK番組改竄事件」のことに触れなければならない。

松井やより・尹貞玉に代表される国境をこえた女性たちの組織した法廷は、8ヶ国から参加した被害女性64名、海外30ヶ国からの傍聴者400名、日本国内600名、内外のマスコミ300名と、連日1000名をこす参加者で満席であった。

国際法の世界的権威によって構成された判事団は、戦時の国際法に拠って、（極東軍事裁判では米の占領政策によって免責された最高最大の戦争責任者）「昭和天皇裕仁を筆頭とする日本軍の責任者10人の有罪」と「日本政府の国家責任」という歴史的な判決（他被告への判決は01年12月オランダ・ハーグの法廷で）が下された。つまり、日本軍性奴隷制が天皇を最高責任者とする日本軍の組織的犯罪と正式に認定されたのである。

それだけに、教科書の「慰安婦」記述の削除活動を展開していた「日本の前途と歴史教育を考える若手議員の会」の右派議員、安倍晋三官房副長官ら（中川昭一、古谷圭司）がＮＨＫに直接圧力をかけて（内部告発によって、後日判明）、女性戦犯国際法廷判決をとりあげたＮＨＫ教育テレビ「問われる戦時性暴力」番組（01年1月30日）が、「ずたずたに」改竄された（私も視聴していて、その改竄ぶりに驚愕）。

法廷の主催者でありこの番組にも全面協力した「バウネット・ジャパン」が、当初の趣旨にまったく反する無残な番組に改竄されたとして7月に提訴し、２名のＮＨＫ職員（永田浩三ら）の勇気ある内部告発によって、安倍晋三らの圧力による番組改竄の実態が事実認定され、07年1月の東京高裁で、原告はとうぜん勝訴したが、いまや「最低裁」が定評の日本の最高裁は、その世評通りのＮＨＫ勝訴の逆転判決をだした。翌09年4月、放送界の第3者機関の放送倫理・番組向上機構の検証委員会は「公共放送NHKにとってもっとも重要な自主・自立を危うくし、NHKに期待と信頼を寄せる視聴者に重大な疑念を抱かせる行為であった」と指摘したが、もちろん「後の祭」である。

以後、もともと戦争責任意識の希薄な日本のジャーナリズムやアカデミズムの世界でも、とりわけ日本軍性奴隷問題は敬遠・傍観・タブー視されるようになり、逆に「若手議員の会」のような右翼的潮流が、91年にはじまる「平成不況」の深刻化による日本社会の保守化・右傾化にも支えられて、時流に乗ることになった。

そのため、侵略戦争のシンボルであった（キム・ハクスンが「今でも日の丸を見ると、頭が腐るように苦しい」と証言した）「日の丸」旗と、主権在民の理念に反する「君が代」をそのまま国旗・国歌とする「国旗・国歌法」が、法制化反対の過半数の世論も無視して、小渕内閣のもとで99年8月に成立した。

同年12月の「改正労働者派遣法」施行による非正規労働の自由化により、以後の日本の「格差社会」への道が決定的にひらかれ、非正規労働者の比率は、表1のように、労働者の3人に1人以上が非正規労働者になった。目に見える具体的な社会事象として、98年から「自殺者年間3万人超」が始まり、14年間連続することとなった。

以上のような「平成不況」の拡大・深刻化と社会の保守化・右傾化の相乗効果として、日本社会の排外主義的ナショナリズムの風潮の強化が進み、女性戦犯法廷の翌01年4月には、（「慰安婦」等の戦争犯罪を隠蔽する）「新しい歴史教科書をつくる会」の中学歴史・公民教科書が、教科書検定に合格した（反対運動の成果で、この段階での採択率は0・039％。ただし、行政のバックアップもあり次第に採択率は上昇。05年にはおよそ10倍、12年にはおよそ100倍となり、歴史が3・7％、公民が4・0％の採択率となっている）。01年4月に組閣した小泉首相は、（96年の橋本首相以来）8月13日を皮切りに靖国神社への明確な憲法違反の強行参拝（04年4月、福岡地裁で前夜遺書を認めた裁判長による違憲判決が確定）を開始し、逆にそれが人気上昇をもたらす異常な事態となった（90年代は4割台であった名古屋大の学生の閣僚の公式参拝支持率は、70％台にまで上昇）。

表１：非正規労働者の比率

1982年	8.3%
1985年	16.4%
2000年	31.4%
2012年	35.2%

総務省「労働力調査」より

女性国際戦犯法廷による日本軍性奴隷制の戦争犯罪と人権蹂躙の断罪という貴重な成果の報道が政治的圧力によって歪曲・隠ぺいされるという時代状況のもとで、教科書の「慰安婦」記述削除の右派キャンペーン（96年7月自由主義史観研究会、9月「日本を守る国民会議」、12月「新しい歴史教科書をつくる会」、97年2月安倍晋三が事務局長の「日本の前途と歴史教育を考える若手議員の会」、5月「日本会議」と「日本会議国会議員懇談会」などが結成され、運動を推進）が力を得て、（97年度以来の全社中学歴史教科書に「慰安婦」が記述されていたが）02年版の中学歴史教科書8社のうち5社の教科書から「慰安婦」記述は消失した。

さらに06年版の教科書では、本文での記述はなくなり（06年1月、国連人権委員会が日本に教科書の「慰安婦」記述を勧告）、2社の教科書が関連記述と「注」でわずかに言及するだけとなり（09年8月の国連女性差別撤廃委員会が、教科書からの「慰安婦」問題削除に懸念を表明）、12年版の中学歴史教科書では、（世界に背を向けた日本の）全社の教科書から「慰安婦」関連の記述は完全に姿を消失した（逆に93年「河野談話」の掲載を含め唯一「慰安婦」の記述のある「学び舎」の中学歴史教科書『ともに学ぶ人間の歴史』が15年の教科書検定に合格し、16年から私立の名門中学の灘、麻布や一部の公立中で採択されている事実が注目を集めている）。

2002年9月、ピョンヤンの日朝首脳会談において、北朝鮮が「朝鮮特務機関による日本人拉致」の事実を認め謝罪したことによって、保守化した日本のマスコミは、北朝鮮の国家犯罪の非難一色の報道に傾き、かつて何百倍もの規模で朝鮮人・中国人を拉致同然に強制連行したり、性奴隷に追い込んだ痛ましい自国の歴史的犯罪を忘却・封印し、日本人の多くに、逆に排外主義的ナショナリズムの気分・風潮と思考停止状態をもたらした。

この間、99年の「国旗・国歌法」制定を追い風にして、全国の学校に03年の東京都教委の「10・23通達」に象徴される「日の丸・君が代」強制の嵐が吹き荒れ、「予防訴訟」で06年に「10・23通達」を全面否定する画期的な難波判決の勝訴もあったが、同年12月の改正教育基本法の成立によって、最高裁は07年から「日野ピアノ伴奏強要訴訟」や「大泉ブラウス訴訟」を敗訴に追い込み、「予防訴訟」についても、起立・斉唱の強制は違憲に当たらないとした。つまり、日本では「裁判官が国を滅ぼす!」と評されるように、国民にとって身近な全国の学校現場において、「思想、良心、信教の自由」という中核的な基本的人権が無残に蹂躙され、（画期的な教科書裁判の「杉本判決」で認められた）「国民（親）の教育権」も、子どもを学校にとられているという日本のダメな親意識のもとで有効に機能せず、日本の民主主義は、国民の身近な学校という場において、根腐れ状況のままとなっている。

日本軍性奴隷問題の「強制性を裏付ける証拠はなかった」という07年3月初頭の安倍首相発言は、ただちに世界的反発（AP電、「ニューヨーク・タイムズ」、韓国「過去史清算のための国会議員の会」声明）を招いたが、安倍首相は、「米下院で慰安婦問題の決議案が通っても謝罪しない」（3月5日参院予算委員会）と嘯いたうえで、「河野談話」は継承すると断りながら、「軍や官憲によるいわゆる強制連行を直接示すような記述も見当たらなかった」との答弁書を、3月16日にあろうことか閣議決定した。

この07年3月の閣議決定が、さらに世界的な非難の殺到を招き、日本軍性奴隷問題の事態は急展開することになった。決定は「（米国内に）破滅的影響を及ぼす」というシーファー駐日米大使の警告を筆頭に、中韓外相、豪首相、シンガポール首相らが非難し（英誌『エコノミスト』「かの女らをうそつき呼ばわりすることで、過去の傷に新たな侮辱を加えた」「安倍の「美しい国」は…過去についての嘘の上に未来の誇りを築けると考えている」という批判は痛烈）、「ワシントンポスト」社説（24日）とドイツ紙（31日）はそろって、「拉致問題での対応で支持を広げ首相に選出された」安倍首相が、「拉致された性奴隷たちを侮辱している」「歴史の皮肉」と日本の「ダブル・トーク（ごまかし）」を批判した。

このため、4月下旬の訪米時には、「慰安婦」問題で謝罪しないと強弁していた安倍首相は、米議会指導部とブッシュ大統領との会談時に、「元慰安婦の方々に申し訳ない気持ちでいっぱい」と謝罪表明するという「醜態！」を演じた。それにもかかわらず、「慰安婦」問題での日本政府の公式謝罪を求める6月の米外交委員会の動きに対抗して、6月14日の「ワシントン・ポスト」紙に、桜井よしこ等5人の「歴史事実委員会」の名で「靖国」派国会議員44人（稲田朋美、平沼赳夫、西村真悟、河村たかし等）、「有識」者13人が賛同した、米下院の取り組みを非難する「意見広告」を掲載した。

この意見広告は、安倍首相の謝罪で「収まりかけていた火種を爆発させ」、逆に「日本人は慰安婦の人権に対する否定者という破滅的な印象を全米に」ひろげ、チェイニー副大統領の不快感表明を筆頭に、米国内外の怒りを増幅し（下院外交委員会が賛成39、反対2で可決したあと）、07年7月30日の米議会下院本会議における「慰安婦」問題の早期解決を求める明確な決議の全会一致の採択に帰結した。

「日本政府による強制軍事売春たる「慰安婦」制度」を教科書から削除する動きや「河野談話」を「弱めあるいは撤回する欲求を表明」する動きなどへの批判と警告をした上で、米議会決議は、「日本軍が若い女性たちに…性奴隷制を強制したことを、明確かつ曖昧さのない形で正式に認め、謝罪し、歴史的責任を受け入れるべきである。」「「慰安婦」の性奴隷化と人身取引はなかったとする如何なる主張に対しても、明確かつ公的に反駁すべきである。」「…この恐るべき犯罪について現在および未来の世代に対して教育すべきである。」という、至極妥当な要求を提起したものであった。

この真正面からのアメリカの安倍政権批判もひとつの伏線となって、政権運営に行き詰まった安倍内閣は、(7月末の参院選で自公が惨敗し)07年9月に辞任した。「アジア女性基金」の事業も同年3月には解散していたが、性奴隷制の「強制性」を否定した安倍内閣の閣議決定がむしろ引き金となって、上記のアメリカ下院本会議の決議を皮切りにして、(日本の破廉恥性を際立たせる)日本軍性奴隷制への世界的な非難と批判が本格化した。日本の恥を確認しよう。

07年11月のオランダ議会下院とカナダ議会下院が、謝罪と賠償を求める「慰安婦」問題の早期解決を求める決議を採択。性奴隷制への「曖昧さのない明確な認知と謝罪」を求めた12月の欧州議会は、「皇軍に奉仕する性奴隷を強制するという目的だけで「慰安婦」として知られる若い女性の徴集を日本政府が公式に指令」したと指摘し、米下院本会議と同様の問題への包括的な対応と解決策を求めるとともに、「アジア女性基金」が「被害者たちの法的な認知と、公的な国際法による賠償への請求を満たすものでな」かったことを指摘して、解散した「アジア女性基金」は「慰安婦」問題の解決に寄与しなかったという国際社会の共通の認識を表明した。

これ以降の日本軍性奴隷問題の解決を求める世界の動きを列挙しておこう。翌08年3月、フィリピン下院外交委員会の「慰安婦」問題の早期解決を求める決議。5月、国連人権理事会で韓国、北朝鮮、中国、フランス、オランダが「慰安婦」問題に言及。10月、韓国国会の「公式謝罪及び賠償を求める決議」(261人中260人の賛成、09年7月~11年3月にかけて46の地方議会でも決議を採択)。同10月、国連自由権規約人権委員会の対日審査報告が、無条件の謝罪、存命の加害者の訴追、生徒や一般公衆への教育などを要求。11月、台湾立法院の「迅速な解決を求める決議」。

09年3月、ＩＬＯ専門家委員会の日本政府への再勧告。同09年8月、国連女性差別撤廃委員会が補償や教育をふくむ最終解決の勧告。

10年12月、大韓国弁護士協会と日本弁護士連合会の「共同宣言と提言」は、「日本軍「慰安婦」問題の解決のための立法が、日本政府及び国会により速やかになされるべきであることを確認する。…性的行為の強制が、当時の国際法・国内法に違反する重大な人権侵害であり、女性に対する名誉と尊厳を深く傷つけるものであったことを日本国が認め、…謝罪し、その責任を明らかにし、…金銭の補償を含む措置を取ること」を要求していた。

3、第三の衝撃波―

2001年韓国憲法裁判所の決定と「河野談話」の見直し問題

日本軍性奴隷問題をめぐる日本と韓国の基本的な対立点はなにか。日本は1965年6月の日韓基本条約と日韓請求権協定（経済協力の名目での1080億円の無償供与）によって請求権問題は「完全かつ最終的に解決済み」という立場を固執しているのに対して、韓国側は65年の時点（つまり、91年のキム・ハクスンの提訴以前）では、性奴隷＝「慰安婦」問題は（社会的に）浮上していなかったので当然請求権の対象外であり、「解決済み」のはずがないという（素人でも納得できる）妥当な立場である。

これに対して2011年8月30日の韓国憲法裁判所（韓国憲法に定められた独立機関で、大統領らの弾劾のほか、法律が違憲かどうかを審判する）は、性奴隷問題は請求権協定の対象外であり、日本政府に法的責任が残っているとした。その上で、請求権協定第三条に、両国に解釈上の違いがある場合は「外交的に解決する」と規定しているのに、その第三条に従って韓国政府が性奴隷問題で「外交的な交渉をしないのは違憲である」と決定（韓国の憲法裁判所が設置以来30年の間にくだした決定の中で、韓国国民にもっとも支持されている決定がこの決定である）して、日本との外交交渉を命じるとともに、キム・ハクスンの提訴以来の20年を振り返って、「一連の日本政府の措置及び態度は、被害者たちは勿論のこと、国際社会からも受けいれられなかった」と断定した。韓国憲法裁判所の決定は、法理をつくした決定であり、また1、2の考察をとおして確認したように、性奴隷問題での日本政府の立場が文字どおり国際的に孤立したものであることを指摘した。

この憲法裁判所の決定は、性奴隷被害者たちのたたかいを大きく励まし、20年間で1000回目を迎えた11年12月14日のソウル日本大使館前の日本軍性奴隷問題の解決を求める恒例の「水曜集会」（デモ）には、与野党の有力議員や「イ・サン」主演男優らも参加する500人の路上集会となり、記念として、被害女性（234人中、生存者は63人）を象徴するブロンズの「少女像」の「平和の碑」が日本大使館前に建立・設置された。日本でも1300人の外務省包囲の「人間の鎖」デモが行われ、全国15ヶ所、世界でも9ヶ国29都市で連帯行動がとり組まれた。

平和の碑に込められた思い

碑文

1992年1月8日、日本軍「慰安婦」問題解決のための水曜デモが、ここ日本大使館前ではじまった。2011年12月14日、1000回を迎えるにあたり、その崇高な精神と歴史を引き継ぐため、ここに平和の碑を建立する。

ハルモニの姿の影

(ハルモニ＝韓国語でおばあさん) 慰安所に連れて行かれた少女の時からハルモニになるまで、解放を待ち続けている被害者の姿。

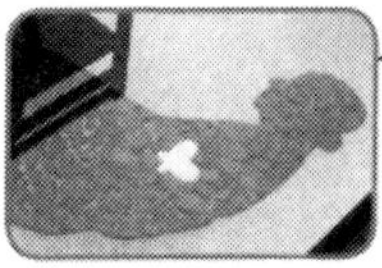

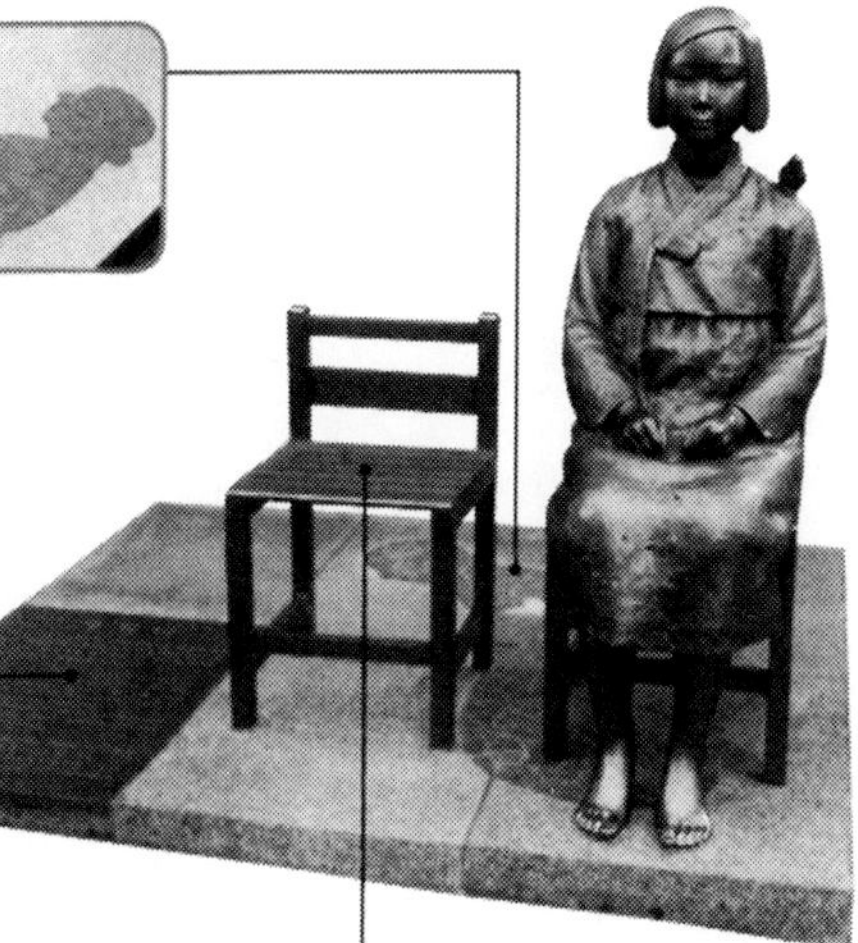

少女像

髪　髪はギザギザに短く切られ、両親や故郷から無理やり引き離されました。

肩の小鳥

亡くなった被害者と私たちを繋ぐ小鳥は平和の象徴として、亡くなった被害者を追悼します。

手　解決を願って、ぎゅっと握りしめました。

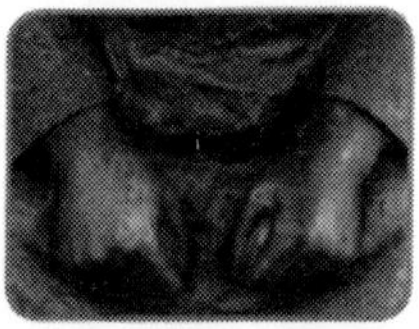

足　すりきれた裸足は険しかった人生を表し、少し浮いた踵は少女たちの不自由さを訴えています。

椅子　被害者の席：亡くなった多くの被害者がここに座っています。
私たちの席：被害者たち一人ひとりの代わりになって声を出して、被害者たちが望んでいた社会を創り出す連帯の椅子です。

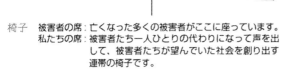

その4日後の12月18日に京都で開催された日韓首脳会談で、保守派で親日的といわれていた李明博大統領（2008年の就任時には、過去の問題で日本に謝罪を求める考えはないと表明していた）は、憲法裁判所の憲法違反という判決にも後押しされて、1時間の会談の40分を性奴隷問題に割いて、その優先的解決の政府間協議を求め、「誠意ある措置がなければ、オモニたちが亡くなるたびに、第2、第3の「記念少女像」が建つ。このままではおばあさんの「恨（はん）」は解かれない」という、外交上は異例の強腰の（「産経」では「恫喝に近い」）発言をした。

それに対する民主党政権の野田首相は、朝鮮半島の植民地支配を正当化する歴代自民党政権の誤った対応を踏襲して、法的に「決着済み」を強調するだけでなく、大使館前の「記念少女像」の早期撤去さえ要請した。

11年8月10日、李大統領は「慰安婦」問題への日本の不誠実な対応への不満を「行動で見せる必要がある」として、実効支配している竹島（独島）に（対立する領土問題への対応としてはいささか唐突な行動であるが）約1時間上陸した。同じ対立する領土問題の（石原都知事の都による購入が問題化していた）尖閣列島3島を、9月中旬、日本政府が購入することで「国有化」を強行したことをめぐって、中国では「反日デモ」が中国全土（125以上の都市）に拡大し、一部では日系店舗への激しい襲撃も行われた。

キム・ハクスンの提訴と、性奴隷制が天皇を最高責任者とする日本軍の組織的犯罪と認定した女性国際戦犯法廷の判決に次いで、世界共通の日本政府の対応への批判的認識をふまえた韓国憲法裁判所の決定は、第3の衝撃波となった。加えて12年5月には、韓国の最高裁判所にあたる韓国大法院において、日本の植民地支配当時の強制徴用問題訴訟において、（そもそも）日本の「朝鮮半島支配は不法占領であり、…韓国人の請求権と外交保護権は…消滅していない」という画期的な判決も出された。対する日本では、「失われた20年」の経済不況の只中で社会の保守化・右傾化が進行・深化し、誤ったバック・ラッシュの対応ばかりが目立つことになった。

2012年2月20日、中央政界への復帰も意図していた（07年6月の「ワシントンポスト」の性奴隷制擁護の「意見広告」にも名をつらねた）河村たかし名古屋市長の確信犯的発言「南京（大虐殺）事件はなかった」発言が飛び出した（中国外務省の抗議で直ちに外交問題化）。4日後の記者会見で、石原都知事は「河村君の言うことが正しい。大虐殺は違う」と日頃の持論を繰り返した。同じ2月下旬に、沖縄県は第32軍首里司令部壕の説明板から（自衛隊県隊友会の意見書に応えて、検討委員会には無断で）「慰安婦」という文言と「住民虐殺」記述の削除を決定した。

河村発言にとびついた「新しい歴史教科書をつくる会」は、3月6日、東京で〈「河村発言」支持・「南京虐殺」の虚構を撃つ緊急国民集会〉を主催した（後援13団体）。名古屋の市民運動を担っている一員として、私たちは、3月31日に「河村市長の南京発言を検証する緊急市民集会」、6月16日に「日本軍「慰安婦」問題の解決を進める会」、7月7日に「河村市長「南京虐殺否定」発言を撤回させる会・結成集会」などの集会を開催した。現在の日本社会では、戦争責任を受けとめようとする市民運動よりも、右翼の草の根運動の方が動員力をもっている事実確認のために数字を対比しておこう。3月6日の東京集会は定員400の会場が満席、5月19日の名古屋の「河村支持集会」（藤岡信勝が参加）が300人に対し、私たちの3月31日は170名（新聞は100）、7月7日（笠原十九司が講演）は130名であった。

12年5月22日、新宿ニコンサロンの元「慰安婦」写真展の開催が右翼団体の抗議で中止となる（6月22日の東京地裁の会場使用を命じる決定で開催となる）。8月21日の記者会見で、橋下徹大阪市長が「慰安婦が軍に暴行、脅迫を受けて連れてこられた証拠はない」と発言し、3日後にはさらに、河野談話を「日韓関係を一番こじらせている最大の元凶」で「見直すべきだ」と発言した。呼応して同日、石原都知事も「はっきり言っておくが強制ではない…売春は非常に利益のある商売だったから、…決して嫌々でなしにあの商売を選んだ」「訳が分からず認めた河野洋平という馬鹿が、日本と韓国の関係をダメにした」という、相変わらぬ暴言を繰り返した。橋下・石原発言に後押しされて、8月下旬のテレビで河野談話見直しの必要性を発言し、9月の総裁選の出馬表明の「公約」として、「河野談話の見直し」を正式に表明していた安倍晋三元首相が、9月26日に自民党総裁に選出された。

このように、2012年という年は、性奴隷問題と領土問題をめぐるアジアと日本の対立が先鋭化し、日本の中学歴史教科書から「慰安婦」問題の記述が完全に消え去った年である。しかし目を国外に移すと、韓国では、9年ごしの運動の成果として20万人の23億ウォンの募金によって、5月、ソウルに（日本軍「慰安婦」の名誉と人権のための）「戦争と女性の人権博物館」が開館にこぎつけた（韓国政府が支援したことに日本政府は抗議)。

同年10月の国連人権理事会では、08年に次ぐ各国の人権擁護状況の審査が行われ、韓国、北朝鮮、中国、オランダ、コスタリカ、東ティモール、ベラルーシ、マレーシア等、これまでは最多の政府代表が、性奴隷問題での日本政府による謝罪、賠償、関連教育などの徹底を要求し、13年春の報告書の採択が予定されていた。さらに同盟国のアメリカでは、この年、性奴隷女性の追悼碑をめぐる日米対立が展開された。

2010年10月に韓国系アメリカ人が半数を占めるニュージャージー州パリセイズパーク市の公立図書館敷地内に、日本軍性奴隷被害者の追悼碑が設立され(07年の米下院「慰安婦」決議に対する日本政府の無視対応への疑問からの発案)、12年6月にもニューヨーク近郊のアイゼンハワーパーク内に同様の「「慰安婦」制度の犠牲者を称賛し、記憶にとどめるため」の「慰安婦記念碑」が建立された。どちらの碑にも「20万人以上の女性や少女が拉致」されたことを記録しているが、その数字は98年の国連の「マクドゥーガル報告書」の数字を踏襲したものである。

この追悼記念碑を一躍全米に有名にしたのは、12年5月1日に、日本の広木二ユーヨーク総領事がパリセイズパーク市を訪れ、桜の木の植樹と図書館への本の寄贈を条件に碑の撤去を申し入れ（市は言下に拒否）、さらに6日には山谷えり子、古谷圭司ら4人の日本の国会議員が再訪し、碑文の「20万人以上」の誤りと「慰安婦」は自ら進んで「兵士に奉仕した」旨の主張をした。

くわえて11月4日には、パリセイズパーク市のあるニュージャージー州の地元紙「スターレッジャー」（23万部）に（07年のワシントンポスト紙の意見広告でも活躍した）桜井よしこ、すぎやまこういち等に藤岡信勝が呼びかけ人となり、西尾幹二ら19名の民間人と38名の国会議員（総裁に選ばれた安倍晋三を筆頭に、年末に発足する安倍内閣に入閣する古谷圭司、下村博文、稲田朋美、新藤義孝、党役員の高市早苗、世耕弘成、衛藤晟一、自民党以外では平沼赳夫、松原仁ら）が名を連ねた「慰安婦」否定の意見広告が掲載された。相変わらず「強制連行」を否定するとともに、「「慰安婦」は「性的奴隷」ではない。かの女らは当時世界中のどこにでもある公娼制度の下で働いていた」売春婦と決めつけていた。

一方、ニューヨークでは、アイゼンハワーパークの追悼碑にくわえて、12年10月5日、一番の繁華街タイムズスクエアに性奴隷問題で日本に真の謝罪を求める（旧西ドイツのブラント首相がユダヤ人虐殺について謝罪する写真入りの）10数メートル四方の見上げるような大きな看板も立てられた。年が明けた13年1月29日、ニューヨーク州議会上院が、〈世界中に「慰安婦」として知られるようになった人々に賛辞を呈したニューヨーク州の（右記）記念碑を記念する決議〉を全会一致で可決した。

左のページは、
週刊金曜日 931 号
(2013 年 02 月 15 日付け)の表紙

編集委員 雨宮処凛・石坂 啓・宇都宮健児・落合恵子・佐高 信・田中優子・中島岳志・本多勝一
2.15 2013
931号
毎週金曜日発売
定価580円
DO YOU REMEMBER?
In 1971, German Chancellor Willy Brandt knelt before the war victims of Poland. His action promoted reconciliation in Europe.
In 2012, Korean women forced to work as sex slaves for Japanese soldiers during WWII are still waiting for a heartfelt apology from Japan.
世界が見ている
「慰安婦」で安倍首相は針のムシロ!?
WWW.ForTheNextGeneration.com
グラミン銀行を襲う
バングラデシュ政府の「乗っ取り」圧力

日本軍性奴隷問題への世界的な非難の渦—「日本の歴史上、これだけ世界と国際機関が日本非難に関与したことは前例がありません。満州事変のとき（リットン調査団報告採択の国際連盟総会）以来のことです」（戸塚悦朗）

ニューヨークでは、アイゼンハワーパークの「慰安婦」追悼碑に加えて、2012年10月5日、一番の繁華街タイムズスクエアに性奴隷問題で日本に真の謝罪を求める10数メートル四方の巨大看板が立てられ、翌年1月9日、ニューヨーク州議会上院が、カリフォルニア州議会、ニュージャージー州議会につぐ三つ目の性奴隷問題にかかわる「日本政府に謝罪を求める」決議を全会一致で可決した。

4、日本軍性奴隷問題の本質と展望――中間総括

a、マスコミのあり方

東郷和彦元外務官僚（欧亜局長など）は、「日韓関係」を主題にした雑誌『世界』（12年12月号）の論稿の冒頭において、「最大の緊張要因は、慰安婦問題にある。…対応如何によっては、この問題は日韓2国間問題を超え、米国を始めとする欧米諸国と日本との間に計り知れない深刻な対立を引き起こす可能性がある。…日本は完全な国際的孤立に陥り、戦後日本外交の中でも最大の外交敗北を引き起こしかねない。しかも、この問題が国際的に如何に大きな火種を有しているかが、日本国内では、まったくと言っていいほど、報道されていない」と書いた。

そして彼は、アメリカでの性奴隷問題の国際シンポジウムでの自身の発言について、「日本人の中で、「強制連行」があったか、なかったかについて繰り広げられている議論は、この問題の本質にとって、まったく無意味である。…だれも関心を持っ

ていない」という「晴天の霹靂」の批判をうけて、ようやく東郷は、この問題をめぐる「強制連行」の有無の議論が「日本国内でしか通用しないガラパゴス化」事象であることに気付かされたのである（この体験をふまえて彼は『世界』の論稿の副題を「「普遍的人権」問題としての慰安婦制度」とした）。

「強制性」の核心が、軍事力で管理する施設で、女性に対する性の強要、暴行が組織的に行われた「凄惨な戦争犯罪行為」「人道に対する罪（クリントン米国務長官）」であることが世界的に認識されているのに、女性差別と人権蹂躙不感症のガラパゴス国家日本では、既述したように、「軍や官憲」による「強制連行」を示す直接の「誌・史料」が（敗戦直後の「占領軍」の進駐前の三日三晩に及ぶような焼却・隠匿処分もあって）存在しない事実が大仰に閣議決定（07年3月）されたままの状態である。そして、それから6年後の国会論議（13年2月）においても、同じ安倍首相の答弁について、（半年後の参院選をにらみ）「河野談話見直し論封印」「歴史認識、慎重に答弁」「従軍慰安婦「人さらいのようにしてない」」（13年2月1、7、8日「朝日」）、「米韓の批判恐れてもなお「強制なし」本音隠せず」（8日「中日」）などという（政府答弁に引きずられた皮相的な）新聞見出しが踊っているのである。

それが国を代表する首相答弁であってみれば、盟友の石原慎太郎・橋下徹の発言、あるいは（桜井よしこらの）米紙「意見広告」が、競い合って、強制連行の「証拠はない」「強制ではない」「かの女らは当時世界中のどこにでもある公娼制度の下で働いていた」売春婦であったと貶めあっているのも不思議でない。対するアメリカでは、ニューヨーク州議会が、「『慰安婦』制度の犠牲者を称賛し、記憶にとどめるため」に「『慰安婦』に…賛辞を呈したニューヨーク州の記念碑を記念する決議」が全会一致で採択され、さらにニュージャージー州バーゲン郡の裁判所前では、共和党知事がソウル郊外の「ナヌムの家」も訪問したうえで、全米で3つ目の記念碑を設置しようとしているのである（13年1月末、台座設置）。

日本を代表する政治家たちが「かの女らは当時世界中のどこにでも」いた売春婦であると貶めている性奴隷制被害者たちを、アメリカでは「称賛し、記憶にとどめるため」の記念碑がつぎつぎに設置されている。この問題をめぐる20数年来の（同盟国）日米の対応の天地の違いはどこから生じたのか。その責任は、その影響力からいって第1に、日本のマスコミに求められよう。

既述したように、95年から07年にわたり実施された「アジア女性基金」は、日本軍性奴隷制の「加害の主体と責任」を誤魔化す欺瞞的な施策であり、解散年の欧州議会決議が「被害者たちの法的な認知と公的な国際法による賠償」を回避したことで「基金」が性奴隷問題の解決に寄与しなかったと総括した通りのものであった。ところが、「女性基金」の発足当初、日本のマスコミでは、5大紙全部の社説が、その誤った施策を擁護し支持した。もともと「女性基金」は、65年の日韓基本条約と日韓請求権協定によって「完全かつ最終的に解決済み」という日本政府(外務省)の誤った判断・主張を前提に発想されたものであった。その日本の判断・主張がこの問題をめぐる20数年来の議論の中で国際的に認められなかった経緯については既述した。これまで論及しなかった問題であるが、ここで、この間の国際的議論の前提・背景にある国際法をめぐる世界史の新たな認識に言及しよう。

まず、1968年11月の国連総会において、日本は棄権を選択したが、「戦争犯罪及び人道に対する罪に対する時効不適用に関する条約」が、合意国家58、反対7、棄権36ヶ国で、採択されている事実に注目する必要がある(もちろん、日本の性奴隷制が典型的な「戦争犯罪」で「人道に反する罪」という認識も国際的には常識化)。その動きにも促されて、旧枢軸国のドイツでは、もともと65年と69年にナチスの戦争犯罪への時効不適用の措置を延長してきていたが、79年7月の西ドイツ連邦議会において、255対222票の賛成で時効自体の撤廃を決定した。

つぎに、99年の国連人権小委員会において、「武力紛争下の性暴力」行為に関しては、条約や2国間協定（性奴隷問題に適用すれば、「日韓基本条約と日韓請求権協定」）によって、個人請求権と国家責任は消滅しないことが決議された。また、2001年8・9月の南アフリカ・ダーバンで国連も関与して開催された「人種主義、人種差別、排外主義および関連する不寛容に反対する世界会議」は、会議終了3日後の「九・一一」アメリカ同時多発テロ事件の衝撃で印象が薄れているが、この会議は、かつての奴隷制、奴隷貿易、植民地支配そのものを「人道に対する罪」として、その「責任」や「罪」を正面から論じる時代の到来を示していた。

さらに、07年5月の国連拷問禁止委員会が、「慰安婦」問題はとうぜん時効不適用となることを勧告した。

ところが日本のマスコミは、戦争時や植民地支配時代の人権蹂躙問題に対するこうした国際的な議論・認識の推移・進展に目を閉ざした「ガラパゴス」的視野にとどまった。例えば、既述したように、07年3月の安倍内閣の「強制連行」否定の閣議決定への猛反発と6月のワシントンポスト紙の意見広告内容への怒りによって、7月30日、米議会下院本会議は、「慰安婦」問題早期解決を要求する決議を全会一致で採択した。その決議文において、日本が性奴隷の強制に対する「明確かつ曖昧さのない形で歴史的責任を正式に認め、謝罪し、歴史的責任を受け入れるべき」という文言は、（96年の国連「クマラスワミ」報告書以来の国際的議論をふまえて）明らかに「アジア女性基金」がその役割を果たさなかったという評価を前提にしていた。

しかし、その認識を欠如した2日後の「朝日新聞」は、アメリカが（3月末に解散した）日本の「アジア女性基金」などの「取り組みを充分に評価していないのは残念なことだ」という寝ぼけた社説を掲載した。同様にして、韓国憲法裁判所の「憲法違反」決定に促されて、11年12月の日韓首脳会談で李明博大統領が性奴隷問題の優先的な政府間協議に応じなければ「第2、第3の「記念少女像」が建つ」と強く要請した時に、「毎日新聞」の社説が、日本は「女性基金」のとり組みを済ませているのに、再び政治問題化するのは不適当と主張して、野田首相の大使館前の「記念少女像」の破廉恥な撤去要求を当然としたことは既述した。

その翌12年8月10日、「慰安婦」問題の日本の対応への不満から竹島に上陸した李大統領は、14日に（日本の象徴天皇制への理解を欠いた）天皇の訪韓にからむ謝罪要求発言をしたことで、日韓両国の対立が深まり、日本の衆議院本会議で大統領の竹島上陸と天皇の謝罪発言に抗議する決議が採択された（8月24日）。ただし、8月15日光復節での李大統領演説自体は、「慰安婦」問題についての国際的合意をふまえた妥当な内容であり、「慰安婦」問題は「人類の普遍的価値と正しい歴史に反する行為だ。日韓両国の次元を超えた、戦時における女性の人権の問題である。（解決に向け）日本政府の責任ある措置を促す」というもので、東郷元外務官僚も、前記『世界』論稿（40頁）の冒頭に、この李大統領演説をそのまま紹介していた。

東郷が前掲論稿で、慰安婦「問題が国際的に如何に大きな火種を有しているかが、日本国内では、まったくと言っていいほど、報道されていない。」と批判していたように、この時期のマスコミも相変わらぬ姿勢を続けていた。12年8月31日の「朝日」社説は、日本での「アジア女性基金」の「取り組みが、韓国国内でもほとんど知られていないのは残念だ」と書いて、日韓の対立が埋まらないのは「韓国側にも一因がある」という見方を示していた。しかし、償い金を民間の寄付で賄う「基金」は、65年の基本条約と請求権協定で「解決済み」という誤った前提に立って、公式謝罪と国家責任を回避する欺瞞策であり、既述したように「裏口で乞食にそっと施しを与える態度だ」「私たちを二重に侮辱する気か」と「圧倒的多数が拒絶」し、逆に基金を受け取った元慰安婦7名が「非国民」などと、激しい社会的非難を浴びたことは、韓国内ではひろく知られている事実であった。

「慰安婦の河野談話はないがしろにできぬ」という趣旨の9月13日の「毎日」社説も、「一方、韓国が新たに公式謝罪と賠償を持ち出すことは「心からのお詫びと反省」を踏まえた官民協力で償い金を集めた日本側の国民感情を逆なでするものであり、とうてい受け容れられない。」と書いた。韓国は新たな謝罪・賠償を求めておらず、95年の「女性基金」の発足当初から全体として、欺瞞的な糊塗策に反対し、国家責任を認めた公式謝罪を前提とする賠償を求めており、「クマラスワミ」報告書以来の国連と諸外国も、その要求の正当性を支持し、98年以来、韓国政府も「女性基金」を拒否した被害者に（日本政府にかわって）支援金を支給してきたのが事実経過である。それを（国家責任を逃れるために）一貫して「官民協力で償い金」を集める誤った施策を続ける「日本側の国民感情を逆なで」云々する社説こそ「とうてい受け容れられ」る道義も論理も欠いた主張であった。

もちろん、日本のマスコミにおいても、個人的には、たとえば同じ「毎日」の〈記者の目〉（12年12月18日）欄のように、欧米をふくむ国際的世論は「強制連行があったかどうかに関係なく、女性を嫌悪すべき状況に置いたこと自体を人権違反と捉えている」として、安倍内閣流の「「狭義の強制はない」といった主張」は、日本国内でしか通用しない「ガラパゴス化」事象であって、「日本を孤立させかねない」議論であるという正論がないわけではない。河野談話自体も不十分ながら「慰安所における生活は、強制的な状況の下での痛ましいものであった。」ことは指摘しており、世界が問題にしている「強制性」の核心は「人さらいのように」連行したかどうかではなく、慰安所において女性に対する性の強要、暴行が組織的に行われた「人道に反する」「凄惨な戦争犯罪行為」であることに、日本のマスコミも着目し、その責任の糾弾・告発を先導的に担うべきである。

しかし日本のマスコミは、全体として、誤った「アジア女性基金」の擁護・支持に始まって、性奴隷制犯罪には時効が認められず、またその責任は（日韓基本）条約や二国間協定によって解消されない普遍的な人権蹂躙犯罪であるという国際的な議論の推移にも目を閉ざしたまま、「「心からのお詫びと反省」を踏まえ官民協力で償い金を集めた日本側の」誠意や努力も評価して欲しいなどという、情緒的な寝言を繰り返すばかりであった。

13年1月4日の「中日」＝「ソウル新聞」の（竹島問題をふくむ）日韓の国民意識の共同世論調査の「旧日本軍従軍慰安婦など過去の歴史問題」についての結果は興味深い。この問題について「日本は反省している？」という問いについて、韓国側の「全くしていない」62・0％、「あまりしていない」32・1％、「ある程度している」4・0％に対して、〈「日本は謝罪していない」との韓国の主張は〉という問いについて、日本側は「あまり理解できない」33・1％、「理解できない」30・3％、「ある程度理解できる」25・6％、「理解できる」6・6％という対照的な結果が出ている。

計94・1％というほとんどの韓国人が「慰安婦」問題などを日本が反省していないと評価・判断している事実は、国連や諸外国の議会決議、さらには今も「慰安婦」追悼碑が増設されている米国の動向などと対比して、至極妥当な評価・判断と言えよう。逆に、「女性基金」が「慰安婦」問題の解決に寄与しない誤った施策という評価を含めて、国連や諸外国の議会決議の日本の対応策批判や「慰安婦」追悼碑建立の事実やその意味を、日本のマスコミが正しく国民に伝えていれば、〈「日本は謝罪していない」との韓国の主張〉は、世界の認める常識でもあるから、その主張を、日本の国民の過半数の計63・4％もが「理解できない」と答える結果は生まれなかったと思われる。

その意味において経済の「失われた20年」と重なるこの時期の日本のマスコミは、日本人の戦争責任意識・植民地支配責任意識・「慰安婦」女性の人権蹂躙＝「人道に対する罪」意識の覚醒（に大きな役割を果たすチャンスであったのに、逆）の「失われた20年」を演出し続けたという非難を避けることは難しいと言えよう。

b、司法界のあり方

性奴隷問題の議論と対応が日本の社会では「ガラパゴス化」して世界的な孤立状況にある2番目の理由と責任は、マスコミについで、司法界に求められよう。91年12月のキム・ハクスンらの東京地裁への提訴から始まる日本軍性奴隷裁判は、下級裁判所において例外的な判決が出されても、最後の2010年3月の海南島戦時性暴力訴訟の最高裁判決にいたるまで、(8件の裁判において被害事実は認定しながら)すべて上告棄却となって終わっている。

たとえば、92年12月に韓国人元「慰安婦」が提訴した山口地裁下関支部の場合は、裁判所は、立法不作為を認め、国に慰謝料支払いを命じる判決がでているが、広島高裁で逆転の請求棄却となり、最高裁でそのまま確定している。また、03年4月の東京地裁判決では、中国山西省の戦時性暴力被害者の請求を棄却しながらも、「司法的な解決とは別に、被害者らに直接、間接に何らかの慰藉をもたらす方向で解決されることが望まれる」との立法解決を促す付言が判決されているが、結局、そのままに終わっている。

日本軍性奴隷制裁判において、唯一、「昭和天皇裕仁を筆頭とする日本軍の責任者10人の有罪」と「日本政府の国家責任」を認定した妥当かつ画期的な判決を下したのが、2000年12月の「日本軍性奴隷制を裁く女性国際戦犯法廷」であった。しかし、そのテレビ報道「問われる戦時性暴力」が安倍晋三・古谷圭司ら右翼政治家の直接の政治的圧力によって(05年1月12日「朝日」が安倍、中川らの介入を名指し報道)「ずたずたに」改竄され、その事実の責任を問うた「NHK番組改竄事件」裁判も、(NHK職員の内部告発もあって)高裁では原告が勝訴したが、08年6月の最高裁において、「最低裁」の世評通りのNHK勝訴の逆転判決がでたことも忘れられない事件であった。

韓国憲法裁判所の「交渉しないのは憲法違反」という2011年8月の判決を待たなくても、65年の日韓基本条約=請求権協定当時の日韓両国の間には、「慰安婦」問題はそもそも存在・浮上していなかった。しかし91年の提訴以後は、韓国が請求権協定第三条一項に基づいて、「外交交渉」を求めるのは当然の法理である。また、68年以来の、性奴隷犯罪は条約と2国間協定や「時効」に制約されないという世界的な議論や、12年5月の韓国最高裁の「朝鮮半島支配(韓国併合)は不法占領であり、…韓国人の請求権と外交保護権は…消滅していない」という判決を踏まえ、さらには、01年の南アフリカ・ダーバンの国連も関与した世界会議において、植民地支配そのものの罪と責任が問題になる時代を迎えていることを考えると、「称賛」される「「慰安婦」制度の犠牲者」（ニューヨーク州議会決議）の名誉と尊厳の回復のために、司法が先導的な役割を果たすことがあってもいいであろう。

しかし、新著第Ⅱ章で確認したように、「日の丸・君が代」訴訟の考察を通して、「三権分立」の原理の一極を占めるはずの最高裁が、「憲法の番人」とはおよそ無縁の存在となり、むしろ最高裁までが「行政の番犬」になり下がり、たとえば、「思想、良心、信教の自由」という中核的な基本的人権を真正面から蹂躙して、（前年9月の「予防訴訟」における画期的な地裁判決の影響を消しさるために）07年2月の「君が代」伴奏命令は合憲という最低の判決を出す事実を確認した。

その意味では、日本軍性奴隷制訴訟をめぐる時代の日本の司法の世界は、性奴隷制被害者の「普遍的人権」が蹂躙され、「思想、良心、信教の自由」のような国民の中核的な基本的人権が喪失・剥奪される「失われた20数年」であったと総括されても仕方のない時代であった。

C、進歩的知識人の転落・転向

――徐京植『日本リベラル派の頽落』（高文研）

「知識人」とは、本来、社会の変革と進歩に貢献する役割を期待されている存在である。しかし、旧著（『十五年戦争と教育』新日本出版社、1986年）序章では、1941年12月8日、真珠湾急襲成功の臨時ニュースに、東京帝大教授が「帝国海軍は実にうまいケンカをやったものだ、感嘆の他はない」「いまさらなにを学問のことなどいおう」と学生に語り、（旧制広島高校）教授は「廊下に飛び出して、頓狂な声で〝万歳〟」と叫び、著名な作家が「東条首相の謹語があった。涙が流れた。言葉のいらない時が来た。必要ならば、僕の命も捧げねばならぬ。」「妖雲を排して天日を仰ぐ、というのは実にこの日この時のことであった。」等という類の文章を綴り、2日後、マレー沖海戦の戦果の報に、斉藤茂吉が「この部屋にたちてもゐても身ぶるひすわがますらをは神にあらじか」と歌った、日本知識人の錯乱した光景を紹介しなければならなかった。

その侵略戦争・植民地支配体験を経た戦後民主主義の最高の知識人の丸山眞男における帝国主義と朝鮮＝植民地問題の欠落と虚妄の「丸山諭吉」神話を近著第Ⅰ章で紹介・論証した私には、（残念ながら）もともと日本の知識人への期待は低い。そのため、本書の初稿では、日本軍性奴隷問題の理解と解決を阻んでいる要因として、日本の a、マスコミと b、司法界のあり方（C、日本社会の保守化・右傾化）だけの記述にとどまっていた。その私に、高文研の編集者から出版したばかりの（新聞広告を見て注文していた）徐京植『日本リベラル派の頽落』が贈与されてきた。一読して、即座に私は、同じ要因として「c、進歩的知識人の転落・転向」の追加記述の必要性を理解した。

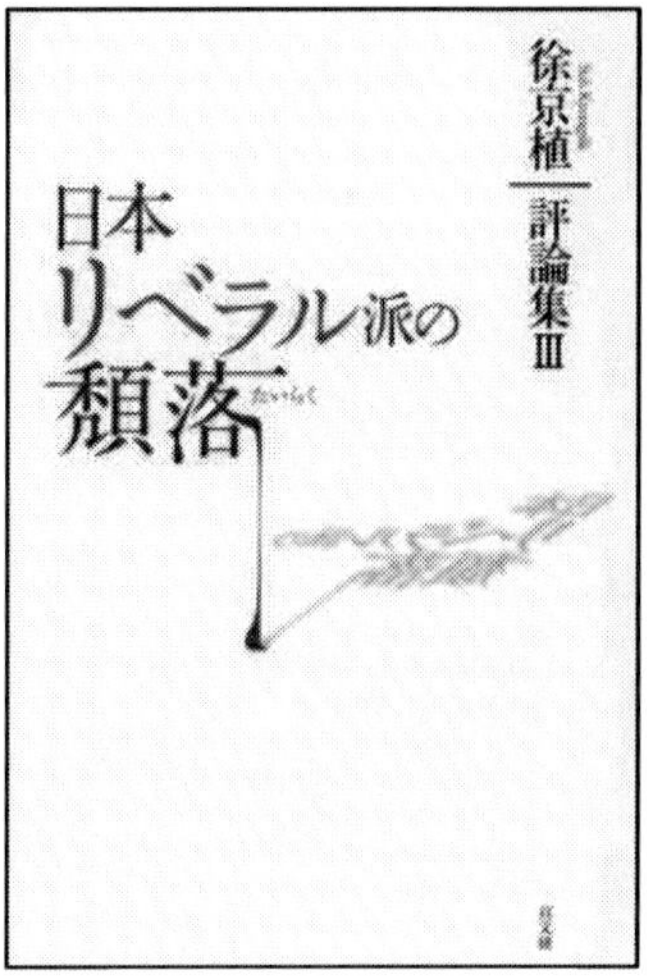

日本リベラル派の頽落
徐京植著　高文研

　同書の徐京植は、和田春樹を筆頭とする（「日本リベラル派知識人」と呼ばれる）日本の進歩的知識人の、植民地支配責任意識の欠落した「植民地主義的心性」と新憲法そのものが旧植民地出身者（「在日」朝鮮人）と沖縄県民の参政権を排除して以来の自国民中心の「国民主義」を厳しく批判する。

和田春樹の場合を見よう。徐京植は、本書において多くの場合、和田のことを和田春樹先生と表記する。一つには、韓国の政治囚として投獄されていた2人の兄（『獄中19年』の徐勝と徐俊植）の救援活動で、先生に大変世話になったという思いがある。しかしそれ以上に、その当時の和田春樹、とりわけ1973年の金大中拉致事件を契機とする日本と韓国民主化運動との連帯行動の中心に位置して、81年の著書（『韓国民衆をみつめること』創樹社）において、その連帯行動は「われわれ（日本人）が生まれかわるための連帯である。日本人と朝鮮半島の人々との間の歴史をすべての面で問い直し、根底からつくり直すための連帯である」と主張していた当時の和田春樹への敬意をこめた和田春樹「先生」表記であった。

つまり、「和田先生は日本リベラル派のなかでも朝鮮人と連帯し、朝鮮を理解し、そしてバッシングの対象である北朝鮮を何回も訪問するという、まれに良心的な人です。」（徐京植、248頁）と認識していただけに、「私が驚愕したことは、あろうことか、（その）和田先生がアジア女性基金を中心的に推進する位置（「女性基金」の呼びかけ人、専務理事）につかれたことでした。」（同右、１４０頁）

徐京植の「驚愕」がしごく当然の驚きであることは、アジア女性基金の本質が明らかに日本政府の公式の謝罪と賠償を免れるための欺瞞的な弥縫策であることから明白である。それは、徐が「在日」コリアンであるゆえの偏向した判断ではなく、日本軍性奴隷をめぐる本書の記述（96年国連人権委員会、国際労働機関ＩＬＯ専門委員会、2000年「女性国際戦犯法廷」、01年ダーバン世界会議、07年米議会下院本会議決議にはじまる、世界諸国の議会決議、12年国連人権理事会審査への最多政府代表の参加など）に見る通り、国連諸機関と世界諸国のアジア女性基金への真っ当な共通認識である。たとえば、07年12月の欧州議会は、日本軍性奴隷制への「曖昧さの無い明確な認知と謝罪」を求め、（この年に解散した）「アジア女性基金」は性奴隷問題の解決に寄与しなかったという判断をくだしていた。

和田春樹は、女性基金を「「日本政府が公式謝罪と法的賠償を回避する手段」であったとみるのは正しくない。」（同右、１７６頁）と弁明しているが、それは、「初心」の和田春樹が主張していた日本人と朝鮮人の関係を「根底からつくり直すための連帯」につながる施策ではなく、その連帯を切断し拒否する施策であった。徐京植の和田春樹へのむち打ちがさらにきびしいのは、「女性基金」への関与だけでなく、和田が、問題だらけの朴裕河『和解のために』（平凡社、06年）と『帝国の慰安婦』（朝日新聞社出版、14年）の刊行に尽力し、その内容を賞賛的に評価しているためである。

例えば、後者において「執拗に繰り返される核心的主張は、「慰安婦」連行の責任主体は「業者」であり「軍」ではない、「軍」の法的な責任は問えない、というものです」と指摘して、徐京植は、朴裕河の「この主張は、…長年にわたる日本政府の主張と見事に一致しています」と結論づけるだけでなく、（韓国では訴訟の対象となっている）朴裕河の本が日本ではいくつもの賞を受賞しもてはやされているのは、「朴裕河の言説が（理性的な民主主義者を自任する名誉感情と旧宗主国国民としての国民的特権のどちらも手放したくない）日本のリベラル派の秘められた欲求にぴたりと合致するからであろう。」（同右、159頁）と適切に推論している。

朴裕河を評価する和田春樹、大沼保昭、上野千鶴子などと対抗して、「朴裕河現象」を批判的に論じた著書も沢山だされている。私の手もとにある類書を列挙しておくと、金富子・中野敏男『歴史と責任』08年、鄭栄桓『忘却のための「和解」』16年、前田朗編『「慰安婦」問題の現在—「朴裕河現象」と知識人』16年、中野敏男ほか編『「慰安婦」問題と未来への責任』17年、木村朗・前田朗編『ヘイト・クライムと植民地主義』18年など。

次の「5、第四の衝撃波」で論及する15年末の（ふたたび）誤った「慰安婦日韓合意」に対しても「あいまい」な態度しかとれない、以上のような近年の和田春樹らの「初心」からの思想的転落を、徐京植は「頽廃しつつ転落する」姿として、『日本リベラル派の頽落』と断じるのである。

同書に私がつよく共感するのは、日本の進歩的知識人の転落・転向が、たんに日本軍性奴隷問題をめぐって生じているのではなく、次のd「「平成不況」の常態化による日本社会の保守化・右傾化」に波長をあわせて、もっと全体制的な思想史的事件となりつつあるからである。徐京植も同様の認識であることは、同書「あとがき」で「安保法制反対などを主張するリベラル派の論客（内田樹）までもが、…いまでは「天皇主義者に変わった」と宣言」している事実に言及していることに示唆されている。

新著で「戦後民主主義の限界」を論じた際に、雁屋哲と醍醐聰の2人が、「リベラル左派」

の内田樹が「天皇主義者」宣言をした事実や、白井聡が明仁天皇の「祈りの力」「天皇の無限責任」を論じる事態を手厳しく批判していることを紹介した。

色川大吉が『きけ　わだつみのこえ』を何度読んでも「天皇とか天皇制に対する批判や疑問、天皇を中心としている国家そのものに対する言及がまずほとんどない」と指摘した通り、絶対主義天皇制の戦前日本においては、帝大生の知的エリートにとっても、「愚民を籠絡する…欺術」としての天皇制（福沢諭吉）への呪縛が社会認識の決定的な「躓きの石」となったのである。しかし、第二次世界大戦の敗戦を体験して、生まれ変わった「戦後民主主義」の時代を迎えた進歩的知識人においてさえ、象徴天皇制が、木戸幸一の予言通りに（新著104頁）、ふたたび社会認識の「躓きの石」になることは、理解が困難な出来事である。

考えてみると、日本の「戦後民主主義」は、「士農工商、えた非人」の封建身分制の残滓（ざんし、残りかす）にすぎない天皇制を、（国民投票による王制の廃止と国王一族の国外追放を実行した）イタリアのように克服・廃棄することが出来ず、日本はもともと身分差別、性差別、障害者差別（新著129頁）という諸差別の総元締めで、中華民国

（1912年）、大韓民国（48年）にも後れをとった、時代遅れで形容矛盾の「天皇制民主主義」（J・ダワー）の国であった。進歩的知識人は、その天皇制民主主義の形容矛盾を解きほぐす方向への社会変革の役割・貢献を期待されていたのに、現状は、リベラル左派の知識人までが「天皇主義者」に復古するという今日の事態なのである。

d、「平成不況」の常態化による日本社会の保守化・右傾化

―戦争への道

1991年のバブル崩壊に始まる「失われた20数年」の期間に、目に見える事象として確実に進んだのは、労働法制の「規制緩和」を名目とする派遣、パートなどの非正規雇用の自由化・拡大による「格差社会」の広がりと、国民一般の生活の困窮化である。身近な新聞記事からそれを裏付ける数字を列挙してみよう。

「非正規労働の社員比率」については、21ページ（表1）で記したように10年で4・7倍という急増ぶりである。

「生活保護世帯数」も同じ上昇の道をたどり、表2のように97年63万世帯

表2：生活保護世帯数

1997年	63.0万世帯
2004年	99.7万世帯
2007年	110.3万世帯
2011年	149.2万世帯
2016年	162.9万世帯

保護受給者のピーク

2015年3月　210万名

〔厚生省ホームページより〕

が07年には110万世帯、16年には、約163万世帯、保護受給者も、15年には、210万名である。

「預貯金なし世帯比率」もほぼ同様(表3)で、増加の一途であり、特に20歳代は、150%を超えて増えている。

平均給与、平均年収、可処分所得も、13年間で11・8%の減収である(表4)。

12年7月6日の新聞(「朝日」「毎日」)は、前年の(被災3県を除く)国民生活基礎調査で丁度「失われた20年」目に当たる11年の調査結果、つまり、格差と貧困(年収200万円未満のワーキングプアが23・4%)の拡大の結果、生活が「大変苦しい」29・1%、「やや苦しい」32・4%

表3：年齢別貯蓄ゼロ世帯の割合

	2012年	2017年
20歳代	38.94%	61.0%
30歳代	31.6%	40.4%
40歳代	34.5%	45.9%
50歳代	32.4%	43.0%
60歳代	26.7%	37.3%

〔金融広報中央委員会　調査より〕

表4：平均年収の推移

1997年	467万円
2007年	437万円
2011年	409万円

「可処分所得」

1998年	49万8422円
2011年	42万1762円

〔OECD(経済協力開発機構)の公開データベースより〕

で、「1986年の調査開始以降で最も高い」計61・5%という数字を伝えた。12年の全世帯の6割以上が「生活が苦しい」という認識の状態は尋常ではなく、むしろ異常な数字と言えよう。その結果が、一番身近な政治行動である国政選挙の投票行動にどう反映されたかを、考察しておこう。

2012年の衆院選直前の争点世論調査では、「景気対策」31%が最多、「年金・医療・介護」25%など7割近くが目先の経済問題に目を奪われ、「貧すれば鈍する」の故事通り、「原発・エネルギー政策」7%、「外交・安全保障」4%、安倍内閣のもとでは最も危険で一番重要な道のりと思われる「憲法改正」への懸念が僅か2%という数字であり、この時点で私は、日本の戦争国家への転落を直覚した。

選挙結果は懸念通りで、戦争か平和かの分岐点となる総選挙において、ほぼ2人に1人の有権者が棄権するという戦後最低の投票率59・3%によって、当選議員の72%が「九条改正」賛成、78%が「集団的自衛権」見直し賛成、原発再稼働容認議員が77%という「改憲・壊憲」「原発推進」勢力の大幅進出の破滅的な結果であった。

国民はもっぱら経済問題に目を奪われ、自ら「日本会議」主導の超保守反動・極右の安倍内閣の再登場を許し、この時点で、1年半後（2014年7月1日）の卑劣・無法・違憲の「集団的自衛権容認の閣議決定」は不可避の道となった。

後世からは「集団的自衛権容認の閣議決定」は、戦後日本の平和国家から戦争国家への転換の分岐点と見做される大事件と思われるので、太田昌国の目撃情報によって、その中心舞台を覗いておこう。その閣議決定が「迫りくる事態の決定的な節目の日」つまり「6月30日夜、私は首相官邸の前に立ち尽くしていた」。太田は「原発事故後の2012年6月の同じ現場」での「反原発行動の夜」（最多20万）と対比して、参集者が「決定的に少なかった」事実に着目する。太田はさらに、「戦後史が大転換を迎えた」1992年の国連平和維持作戦（PKO）法案反対闘争の時の「少なさ」にも論究している。以上の事実は、後に考察する韓国のキャンドル・デモ、キャンドル革命とあまりにも対照的である。2015年末の誤った「日韓合意」に象徴される朴槿恵大統領の失政、「屈辱外交」「外交惨事」を批判し、革新の文在寅大統領を選出する約半年間で韓国国民は17回もの百万人前後のローソク・デモを展開し続けた。

日本では、2年後の14年12月14日の衆院選の場合も、同様の結果が再現された。同年7月1日のクーデター的閣議決定によって、日本が戦争国家への「ノー・リターン・ポイント」をこえたばかりの総選挙というのに、直前の「朝日新聞」による350万件のツイッター分析では、関心は経済・アベノミクス、(延期の)消費増税などに集中し、集団的自衛権の閣議決定は2%台にとどまったとのこと(原発事故後の福島を描いた劇「ノクターン―夜想曲」の脚本家・倉本聰の証言「事故後二度の総選挙で、有権者が原発問題ではなく目先の景気対策で政権を選択したという報道には驚きました。」15年3月13日「毎日」特集ワイド)。結果は、自民党の圧勝、自公による3分の2維持の結果となった。なによりの驚きは、2年前に戦後最低59・3%を記録した投票率がさらに更新されて、52・7%となった。

この投票率について、戦争責任で「朝日新聞社」を自主退社した前掲むのたけじは、「投票率が52%なんて国は、主権在民とはいえない」と一喝したとか(15・1・7「愛媛新聞」)。日本の戦後民主主義なるものは、とっくに自己崩壊し果てていると言うべきか。

さらに同様の光景を、自民党が大勝した2年後、16年7月10日の参院選の場合に見よう。「毎日新聞」編集委員与良正男によると、「私のコラムも含め、毎日新聞は参院選は自民党を中心とする憲法改正に前向きな勢力が参院でも3分の2以上を獲得するかどうかが焦点だと連日のように書いてきた」にもかかわらず（投票日当日の「毎日」の一面トップの見出しは「改憲勢力2／3焦点」であり、7日の「朝日」の一面トップも「改憲4党2／3に迫る」）、投票直前2～4日に高知新聞の記者が、「今回の参院選は、『三分の二』という数字が注目されています。さて何のことでしょうか？」と町を歩く百人に聞いたところ、全く知らない人が83人だったという記事を引用・紹介して、与良は、自らのコラムの見出しに〈「3分の2って何？」の衝撃〉と書いた（7月13日「毎日」）。文字通り、「歴史を空行く雲のように眺めている」だけの（『二十四の瞳』の戦中時代と変わらぬ）主権者日本国民の落ちぶれた姿そのものである。

つまり日本はいま、日本軍性奴隷問題に象徴されるように、戦争責任・戦後補償も未決済のまま、再び戦争国家への道に決定的に踏みだそうとしている。主権者・日本国民が、かつての昭和恐慌時と同様に、目先の経済不況・生活苦に目を奪われ、戦後最大の歴史の分岐点において、「不作為の責任」を含めて、戦争国家に暴走する極右・反動の安倍内閣を支持・選択し続けているのである。

「貧すれば鈍する」という諺があるように、人は生活が苦しく貧しくなると確実に保守化する。社会を長期的な視野のもとで、科学的・客観的に視る余裕などはなくなる。「歴史の教訓」に学ぶなどという「考える人」の人間的な姿勢は、遠い彼方に消え失せる。人は、今日・明日の自分（と家族）の生活をどう維持し守り抜くかという「私生活保守主義者」に帰着していく。

社会的な視野がどんどん狭くなり、一つは、自分は日本人であるという集団的なアイデンティティ（例えば、政治団体「日本第1党」）にしがみつき、ナショナリズムと排外主義に逃避するようになる。日本人の次にさらに行きつく先は、自分自身のこと、「自分は男である、女である」という曖昧で伝統的で集団的なアイデンティティ、いわゆる「男らしさ、女らしさ」の神話への固執・執着も始まり、古来の「男は仕事、女は家庭」という性別役割分業への転倒的なカムバックも始まる。

13年1月10、11日の「朝日新聞」は、男女共同参画社会の広がりで、一貫して減少傾向にあった「夫は外、妻は家庭」の支持比率が、92年の調査開始以来、初めて逆転し、全体で52％が賛成派となり、「伸び率が最も大きいのが20代。09年の前回調査と比べると、（非正規労働比率が高く苦しい）20代男性は21ポイントも増えて

56％、女性は16ポイント増えて44％になった。」と報じたうえで、〈「夫は外、妻は家庭」なぜ増加？〉という問題を設定して、「20代、選べぬゆえの願望？」という適切な見出しをつけた。

新聞を見れば「子育てママ86％「働きたい」――内閣府調査」などという見出しは日常茶飯のことであり、格差と貧困の拡大した現代日本の社会で、男性一般が専業主婦をかかえて「妻子を養う」ことなど、所詮無理な願いであるのは常識である。だからこそ、格差社会の最大の被害者である20代の苦しく貧しい男性たちが「選べぬゆえの願望」で、一番自分に縁遠いはずの「夫は外、妻は家庭」像を転倒的に夢見ているのである。古人は、こういう惨めな青年たちのために「貧すれば鈍する」という諺を遺してくれたのである。

「失われた20年」の日本社会における青年の保守化は、筆者がいまも30年近く、基本的に同じ設問で続けている大学生のアンケート調査結果「日本の大学生のみじめな歴史認識と未熟な（一番身近な民主主義感覚としての）男女平等意識」に明らかである。名古屋大学時代の私の「社会思想史」の講義受講生を対象にスタートし、いまも私立女子大学や埼玉大学の学生対象に調査は続いている。

92年から02年まで、毎年、地元の新聞(「朝日」「毎日」「中日」「読売」)に掲載された(名大生のアンケート結果を伝える)40余の記事の見出しは、もっぱら「保守・伝統への回帰」「右傾化」「保守化ありあり」「戦争責任意識希薄な歴史認識」「希薄な主権者意識」「神秘が大好き」「敗戦日知らぬ3割」「土俵の女人禁制4割が擁護派」「男女平等意識今年も希薄」などという批判的なもので、「名大生「女は家庭」ノー」のように、例外的に誉められた見出しの記事は、わずか3件のみである。03年以降も基本的に同じ傾向が続いており、むしろ日本の学生の保守化の度合いは進んでいる。

右記の「朝日」の記事との関係で、学生の一番身近な民主主義感覚としての男女平等意識の推移を中心に見ておこう。女性の労働権の確立と性別役割分業の解体が進み、働く母親の増大や家庭科男女共修という身近な自身の体験に促されて、男女共同参画社会に向けて、一時期、学生たちに一定の前向きの意識転換が生じたことは事実である。たとえば、「男らしさ、女らしさ」や「母性本能」が長年の性別役割分業の家父長制的社会によって創られた「神話」であり、ミスコンが典型的な性差別事象であるという男女平等的な意識や認識は、男女共同参画の進展に対応して、一時期少しずつ増えていたが、「平成不況」の深まりを転機に、一斉に後退し、結果的に「元の木阿弥」となった。

具体的には、「平成不況」による社会の深刻な保守化に対応して、日本の青年の男女平等意識は、1998年を転機に劇的に後退して、以来、「失われた20数年」、日本の学生は未だにその未熟な泥沼から脱出できない現状に止まっている。

「みじめな歴史認識」の一端を列挙しておくと、学生の過半数が日本のアジア太平洋戦争の侵略の相手国や靖国神社の犯罪的役割を知らず、18歳選挙権にも関心がない。戦争認識は侵略と加害の視点が弱く、もっぱら被害の視点に偏向している。約9割が侵略戦争の開戦日や旧同盟国・独伊の戦後の国旗・国歌改正の事実を知らず、「九条の国」に相応しい貴重な「良心的兵役拒否」の知識もない。「ないない尽くし」の彼らが戦争責任というと、自分とはおよそ無関係な「過去の問題」「過去の出来事」と受け取るのも当然である。

生活が苦しく貧しくなると人は保守化し、社会も右傾化することに話を戻そう。そのことを私たちが思い知らされたのは、12年12月中旬の衆議院選挙の結果である。半月後、憲法改正を悲願とする安倍内閣の誕生にショックを受けた旨の私宛の年賀状が目立ったが、驚く事態ではない。選挙直前の選挙の「争点」の世論調査の数字は、その結果をストレートに予告していた。

(例えば、「中日新聞」は「本紙の3大争点」として、原発政策、消費税増税、憲法九条を挙げていたが)

格差と貧困の拡大で6割以上が「生活が苦しい」状況にある日本の有権者が選んだ「争点」は、「景気対策」31％、「年金・医療・介護」25％、「増税・財政再建」10％、計66％が目先の切実な経済問題への関心であり、「憲法改正」はわずか2％で、前年、3・11の東日本大震災の惨劇を体験しながら、「原発・エネルギー政策」も7％の関心でしかなかった。目先の生活の苦境を何とかしてほしいという思いに迫られて、長期的な展望では最大に深刻な問題となる(戦争につながる)「憲法改正」や将来の生活を脅かす原発やTPP問題には目が向かないのである。目先の「生活が苦しい」からこそ、日本の有権者は、再び悲惨な戦争国家への道を先導する安倍晋三首相を選び出したのである。

同じ図式は、「沈む先進国の縮図、大阪に」(12・12・31「朝日」)の記事が示唆したように、働く人の45％もが非正規社員で、生活保護受給率も政令指定都市の中で群を抜く苦境にあえぐ大阪が、「教育は2万パーセント強制だ」とツイートする橋下徹大阪市長という「鬼っ子」政治家を生み出した事象においても確認できよう。

「具眼の識者」福沢諭吉は、「一身独立」できない明治の奴隷的な皇国「臣民」のために、アジア蔑視の「帝国意識」を培養し、「ヘイトスピーチの元祖」となった。

IWJ社のDVD　表紙

現代日本の国民的常識では、福沢諭吉は、近代日本の民主主義の偉大な先駆者で、『学問のすすめ』冒頭の「天は人の上に人を造らず、人の下に・・」によって、人間の平等を説いた思想家と誤解されている。しかしこれは戦後日本の最高の知識人と誤解されている丸山眞男が創作した虚妄の「丸山諭吉」神話である。アジア侵略の道を先導した福沢は、その道を合理化するために、アジア蔑視観をたれ流した。写真のＩＷＪ社のＤＶＤのように、近年、ようやく逆の福沢の実像が知られ始めている。前掲した安川の新著『日本人はなぜ「お上」に弱いのか』（高文研）第Ⅲ章には、福沢の朝鮮・中国・台湾への「ヘイト」発言が網羅的(年代順)に紹介されている。

日本の戦後民主主義が、安倍政権のもとで戦争国家に転落・帰着しようとしている有力な原因は、戦争責任・植民地支配責任の放置にある。しかし、加えての原因として、日本の戦後民主主義思想が、アジア侵略を先導した確信犯的差別主義者の福沢を、偉大な民主主義の先駆者と誤読した虚妄の「丸山諭吉」神話であったことにも着目しなければならない。今、丸山眞男にかわり、日本で一番福沢諭吉をもてはやしているのは、安倍晋三首相を筆頭とする石原慎太郎、平沼赳夫ら「極右」政治家たちである。

内海愛子『ある日本兵の二つの戦場』、青木茂『日本軍兵士・近藤一』、宮城道良『最前線兵士が見た「中国戦線・沖縄戦の実相」』の3著で知られる帝国臣民・皇軍兵士の近藤一は、まるで福沢諭吉から直接口伝えされたかのように、福沢のアジア蔑視観を見事に継承させられていた。その近藤は、自分が罪の意識なしに中国人を平気で殺せる「東洋鬼(トンヤンクイ)」になったのは、「小学校の時から中国人はチャンコロで豚以下」の存在という日本社会の蔑視観のせいであったと証言している。

戦後日本の国民は、アジア太平洋戦争において、中国などに敗れたのではなく、「先進国」アメリカの物量作戦に負けたと思い込むことで、なおアジア蔑視の「帝国意識」を引きずり残存させてきた。しかし、「失われた20年」の間に、たとえば09年に中国の新車販売数は世界一となり、翌10年にはGDPでも中国が世界第2位となり、日本人の潜在的な「チャンコロ」意識ももはや維持できなくなった。

つまり、格差と貧困の拡大した「失われた20数年」によって、過半数の国民の生活が確実に「大変・やや苦しく」なり、保守化した日本人は、長年自分を支えていたアジア蔑視の「帝国意識」もおびやかされるようになり、「日本と日本人である」ことに自信を喪失し、鬱屈し、閉塞する思いの中で、鬱積するわだかまりや不満を解消する先を無意識的に探すようになり、少なからぬ日本人が、排外主義的ナショナリズムの流れに惹かれ身をゆだねるようになってきたのである。

02年以来の「拉致問題」と北朝鮮バッシングに染色した日本。「在特会」(在日特権を許さない市民の会)による09年12月の京都朝鮮第一初級学校への嫌がらせ事件(安田浩一『ネットと愛国』講談社は、「在特会」を「われわれ日本人の現在の「意識」が生み出した怪物ではないのか?」と問いかけている)。

一方的な尖閣列島国有化問題をめぐる「反日デモ」に反発する国民。政府による「朝鮮人学校無償化」除外のあらわな差別（13年1月提訴の大阪地裁で、17年7月、ようやく「朝鮮人学校除外は「違法」」判決。国連人種差別撤廃委員会からは、14年8月、日本政府に改善勧告）が、まかり通っている日本。12月16日には、（韓流の街）東京・大久保で排外的な暴言を連呼する「ヘイトスピーチ」デモ。寒々とした風景は、まだまだ続くようである。

14年1月25日、「政府が右と言っていることを左というわけにもいかない」と嘯く籾井勝人がNHK会長就任記者会見で、「慰安婦」は「戦争にはつきものだった」発言で国内外から抗議・批判が殺到した。3月8日、「日本の男女平等度、世界105位に悪化」（最新データでは153ヶ国中121位にさらに転落！）。5月1日、「大学生の読書「1日0分」4割」。

5、第四の衝撃波―

誤った日韓外相合意（2015年12月28日〜）

15年12月28日、ソウル外務省での岸田外相と尹外相の会談で、「慰安婦」問題解決の「日韓合意」が確認された。合意の骨子は、「慰安婦問題は旧日本軍の関与の下、多数の女性の名誉と尊厳を深く傷つけた問題。日本政府は責任を痛感」「安倍首相はすべての元慰安婦の女性に心からのおわびと反省を表明」「日本は韓国が元慰安婦の支援を目的に設立する財団に10億円を拠出し、協力して事業を行う」「韓国は日本と共に、問題が最終的かつ不可逆的に解決されることを確認」「韓国は、在韓日本大使館前の少女像について適切に解決されるよう努力」「両国とも、国際社会で互いの非難・批判を控える」（29日「朝日」）である。

会談前の事前報道で、日本側は、①1965年の日韓請求権協定で解決済みの立場であるから、「法的責任」の表現は避ける、②「最終決着を確約する合意文書」

にする、③少女像の撤去を求める、などという条件をあらかじめ予定していたから（28日「毎日」）、合意内容は、日本にとって満額回答に近い成果と言えよう。ということは、韓国側から見れば、アメリカからの圧力のもとで、国民的支持を失いつつある朴槿恵大統領が選択した「拙速外交」という評価になろう（16年11月22日の「ハンギョレ新聞」によると、尹外相は「3ヶ月の追加交渉」を要請したが、朴大統領が受け入れず、合意の妥結・発表を一方的に推進したと報道）。

a、韓国社会の動向

（11年12月14日の日本大使館前「水曜集会」1000回記念の）少女像設置を主導した韓国挺身隊問題対策協議会（以下、「挺対協」）は、少女像の撤去を受け入れたことは「屈辱外交」と非難し、「合意無効」を宣言し、他団体と連名の声明で、「被害者や関連団体に相談もなかった」合意であり、「被害者や国民の願いを裏切った外交的談合だ」と非難した。「ナヌムの家」の安信権（シンゴン）所長は、（一番重要な）日本の「法的責任」が明示されていないことを指摘し、「被害者を除外した韓日政府の拙速な野合だ」と批判した。韓国のマスコミ報道の合意評価は分かれているが、革新系のハンギョレ新聞は「法的責任抜きの最終解決はない」と、日本政府の法的責任が明確にされていないポイントを指摘し、「最終解決を言うのではなく、真の解決法のために新たな交渉を始めなければならない」と呼びかけた。

「合意」翌日の12月29日には、ソウルの大学生たちが日本大使館前の「平和の少女像」を守る24時間座り込み行動を開始した。加えて、翌月1月20日には、釜山大学の学生らが「未来世代が建てる平和の少女像推進委員会」を結成し、釜山の日本総領事館前に「平和の少女像」建立の計画を発表し、「合意」一年目の16年12月28日に、市民団体も参加して、総領事館前に「平和の少女像」の設置を強行した。日本外務省が「日韓合意の精神に反しており、極めて遺憾だ」と撤去を要求し、釜山市東区も一旦強制撤去したが、市民からの批判の殺到で、逆に同所での設置が確定した。31日の除幕式には、警察推計で3500人の学生・市民が集まり「日韓合意の最終的な破棄まで闘おう」と声を上げた。

b、日本政府の対応と「合意」批判の広がり（韓国・日本・国際社会）

これに対して日本政府は、17年1月6日、長峯駐韓大使と森本釜山総領事の一時帰国その他の外交的対抗措置を講じた。これが成果の見通しの無い愚かな対抗措置であることは、釜山の大学生たちが18日に「少女像を守る会」を結成して日韓合意破棄の運動を始めただけでなく、翌日には、少女像を撤去した朴東区庁長が、逆に支援の視察（監視カメラの設置）に訪れた。またその後、合意の「最終的・不可逆的解決」に反する意思表明として、韓国各地での少女像設置の増設が進むだけでなく（竹島への少女像設置の募金運動も）、16年8月にはオーストラリア・シドニーを含め10ヶ所に設置され、9月現在で、少女像は韓国内48ヶ所（翌年8月には約80体）、海外4ヶ所となった。

16年10月の中国上海（師範大学）での「平和の少女像」建立以後もドイツやアメリカで設置が計画されており、韓国内での計画推進中も20ヶ所とのことである。つまり、「日韓合意」以後も、逆に日本軍性奴隷問題をしのび追憶する思いが世界的に共感を拡げている。さらに、韓国国会で日韓合意を支持するのは与党セヌリ党だけで、合意の破棄や追加交渉を求める勢力が3分の2を占めていた。大使帰国等の日本外交の対応は、こうした事態とおよそかみ合わないガラパゴス的愚策の展開と言えよう。

日本でも、2010年2月に結成以来、挺対協とともに日本軍性奴隷被害者の要求実現の活動を続けてきた「日本軍「慰安婦」問題解決全国行動」(以下、「全国行動」と略称)も、合意翌日の12月29日に「被害者不在の「妥結」は「解決」ではない」の抗議声明を公表した(翌年1月にも再声明)。韓国では、明けて翌16年1月14日に、約400の各種市民団体が共同で、「韓日日本軍「慰安婦」合意無効と正しい解決のための全国行動」(以下、「韓国全国行動」と略称)を発足させた。

「日韓合意」当日の朴大統領との電話会談で、安倍首相は「慰安婦問題を含め、日韓間の財産・請求権の問題は1965年の日韓請求権・経済協力協定で最終的かつ完全に解決済み」を強調し、岸田外相も10億円が「賠償ではないこと」を記者会見で念押しした。しかし、日本の「法的責任」をあくまで拒絶したこの「日韓合意」が、基本的に無理な誤りであることを確認するために、「第1の衝撃波」以来の、日本軍性奴隷問題への韓国・世界・国連機関の見解と対応の推移を時代順に復習しておこう。

96年2月の国連人権委員会「クマラスワミ報告書」は「性奴隷制への公式謝罪と個人補償」を要求し、98年8月の国連人権小委「マクドゥーガル報告書」は「日本政府の法的賠償責任と責任者の訴追・処罰」を要求した。2000年の「女性国際戦犯法廷」は「昭和天皇を最高責任者とする日本軍の組織的犯罪」と認定し「日本政府の国家責任」を判決した。07年7月の日本の同盟国アメリカ議会下院は、「性奴隷制を強制したことを、明確かつ曖昧さのない形で歴史的責任を正式に認め、謝罪し、歴史的責任を受け入れるべき」との決議を全会一致で採択した（「クマラスワミ報告書」同様に、「この恐るべき犯罪について現在及び未来の世代に対して教育すべきである」ことにも論及）。このアメリカ下院本会議の決議を皮切りに、日本軍性奴隷制への世界的な非難と批判が本格化した。その一環として、米議会同様の包括的な対応と解決策を求めた同年12月の欧州議会は、「アジア女性基金」が日本政府の「法的責任」認定を欠いたために性奴隷問題の解決に寄与しなかったという認識も表明した。

65年の日韓基本条約と請求権協定によって「解決済み」という日本政府の固執する主張の無理は、65年時点では（91年の提訴以来の）日本軍性奴隷問題は浮上しておらず、性奴隷問題は当然請求権の対象外であり、「解決済み」のはずがないという（誰でもが理解・納得できる）韓国側の見解によって明らかである。そのことを公式に指摘したのが、2011年8月の韓国憲法裁判所である。性奴隷問題は請求権協定の対象外と指摘したうえで、請求権協定第三条の、両国に解釈上の違いがある場合は「外交的に解決する」という協定の規定に基づいて、韓国政府が「外交的な交渉をしないのは違憲である」と決定した。この憲法裁判所の決定が性奴隷たちのたたかいを大きく励まし、同年12月14日の「水曜集会」において、初めてブロンズの「少女像」が日本大使館前に建立されたことも既述した（当日、日本でも1300人の外務省包囲の「人間の鎖」デモが行われ、世界9ケ国29都市で同様の連帯行動が開催された）。

12年5月には、韓国の最高裁（大法院）が、強制徴用問題訴訟において、（1910年の「韓国併合条約」を違法と認めていない）日本に対して、「朝鮮半島支配は不法占領であり、…韓国人の請求権と外交保護権は…消滅していない」という画期的な判決を出した。この韓国憲法裁判所と最高裁の判決が世界的な司法の流れに棹さしたものであることを再確認しよう。

まず、68年11月の国連総会において、「戦争犯罪及び人道に反する罪に対する時効不適用に関する条約」が採択されている（日本は棄権。ドイツでは、時効不適用の措置を延長していたが、79年の西ドイツ連邦議会で時効自体の撤廃を決定した）。99年の国連人権小委員会は、「武力紛争下の性暴力」行為に関しては、条約や2国間協定（つまり、日韓基本条約や日韓請求権協定）によって、個人請求権と国家責任は消滅しないことが決議された。また、01年8・9月の国連が関与したダーバン世界会議は、過去の奴隷制、奴隷貿易、植民地支配における「人道に対する罪」と責任を論じた。

さらに、17年5月の国連の拷問禁止委員会は、15年末の「日韓合意」について、「両国による合意を歓迎するが、被害者に対する補償や名誉回復、真相解明、再発防止の約束などについては十分なものとは言えない」として、両国は合意を見なおすべきだとし、事実上、合意をめぐる再交渉を促した（5月24日に日本政府が「反論文書」を提出。その中で、日韓合意が「当時の潘基文国連事務総長をはじめ国際社会や米国政府から歓迎された」と紹介しているが、後述するように、帰国後の潘総長は合意を批判し、再交渉を主張するように変わっている）。

以上の性奴隷問題にかかわる韓国と世界の流れを踏まえれば、「日韓合意」が「最終的かつ不可逆的」な解決にならないことは、あまりにも明らかである。

C、「日韓合意」反対運動の展開

性奴隷問題を考察する基本的な視座が確定したところで、「日韓合意」反対運動展開過程の考察に戻ろう。16年1月末（自民党の外交部会などの合同会議で「少女像」の早期撤去を決議した翌日）には、「ナヌムの家」の李玉善（イ・オクソン、88）、姜日出（カン・イルチュル、87）ハルモニと安信権所長が来日し、衆議院議員会館で記者会見を開き、日韓合意は「間違った合意」と批判し、「公式謝罪と法的賠償」を求めた。同月末には、韓国全国行動が日韓合意糾弾集会を開催し、2000人が参加した。3月7日には、国連女性差別撤廃委員会が日韓合意について、「被害者中心のアプローチを十分に採用していない」として、「締約国は、被害者／サバイバーの見解を十分に考慮し、かの女たちの真実・正義・被害回復措置に対する権利」の保障を勧告した（菅義偉官房長官は、国連側に対して「極めて遺憾だ。受け入れられない」と申入れ）。

日本国内では、16年1月14日に桜田元文部科学副大臣の旧日本軍慰安婦は「職業としての売春婦だった」という恒例・伝統の「妄言」発言が早速飛び出し、翌日、慌てて発言撤回を迫られた。2月初旬には安倍首相を支持する右派系の学者や政治家（藤岡信勝、中山恭子ら）が、日韓合意は「安倍さんらしくない。祖先、日本を辱める」合意として、合意反対の集会を開いた。それに対して、日本軍「慰安婦」問題・関西ネットワークは、大阪で「日韓外相会談と朴裕河問題を批判する」集会を開催し、明治学院大学の鄭栄桓（チョン・ヨンファン、新著第I章で紹介した権赫泰『平和なき「平和主義」』の訳者）が講演した（朴裕河『帝国の慰安婦』は、日本のマスコミや上野千鶴子ら「リベラル派」の知識人から絶賛され、日本では複数の賞を受賞した。「ナヌムの家」のハルモニたちが同書を「名誉棄損」で訴え、16年12月20日の公判で懲役3年が求刑されたが、17年1月25日のソウル東部地裁で無罪判決が出た。ところが、同年10月27日のソウル高裁は、1審判決を破棄し、刑事処罰は避けながら、同書の名誉棄損を認め罰金1000万ウォン（約100万円）の有罪判決を出した。同判決を伝えた28日の「朝日」は「韓国政権交代司法に影響か」の見出しをつけた）。

また16年5月末、歴史学研究会など日本の歴史学関係の15団体は、合意の「被害者置き去り」を批判する声明を発表し、合意が歴史教育に言及していない点などを批判し、吉見義明教授の著書「捏造」訴訟（日本維新の会の桜内衆議院議員が吉見教授の「慰安婦は性奴隷」説は捏造という発言に対し、13年7月に吉見教授が名誉棄損で提訴した訴訟）の同年1月の原告敗訴の東京地裁判決批判などを行った。

3月10日には、ザイド・フセイン国連人権高等弁務官が年次報告で「日韓合意」について「最も重要なことは被害者自身から、疑問視されている。基本的に重要なことは、関連当局が、これらの勇気と尊厳のある女性たちと協議すること」と発言した。同じ国連の人権問題の専門家らは共同声明で、日韓合意は「重大人権侵害に関する国家責任の基準に合致していない。過去の日本政府と軍部の明らかな責任を認める、明確で公式な謝罪と適切な賠償が被害者たちを保護し、真実と正義を守ることができる」と主張した。

5月、ユネスコの助言を受けて、日中韓、フィリピン、オランダ、台湾等10以上の国・地域の市民団体が、「慰安婦」問題関連資料の登録を、ユネスコ世界記憶遺産に共同申請した。これに対して日本政府は、ユネスコ総予算の10％分約35億円の支払いを凍結し、反対（合意支持）派は、旧日本軍は慰安婦を規律正しく扱ったとする「資料」を対抗申請し、9月下旬に「産経」に意見広告を掲載し、シンポジウム「ユネスコ慰安婦登録を許すな！」を開催した。10月には89名の「学者」の登録反対の声明も発表するなどの運動を展開した。結局、ユネスコは問題が「政治的案件」化しているとして、審査を延期した。もちろん、日本政府は「見送り方針」を歓迎し、韓国女性家族相は「登録されなければならない」と積極的な支援を続ける意向を表明した。

「全国行動」は、国連女性差別撤廃委員会勧告に関する集会「日本の常識？世界の非常識！国際社会は「被害者不在の解決」を認めない!!」を開催し、前田朗・渡辺美奈が発言した。4月13日の韓国総選挙の野党勝利（与党セヌリ党が惨敗し第2党に転落）を踏まえて、「韓国全国行動」は、挺対協とともに5月中旬にソウルで第14回日本軍「慰安婦」問題解決のためのアジア連帯会議を開催し、韓国政府の（反対派の説得や少女像の移転問題にめどがたたないままの）「和解・癒やし財団」の発足に先んじて、6月9日、挺対協などと財団法人「日本軍性奴隷制問題解決のための正義記憶財団」（以下、「正義記憶財団」と略称）を設立し、7月28日の「和解・癒やし財団」発足に対して、挺対協とともに「被害者を欺き分断する「和解・癒やし財団」」への抗議声明を発表した（韓国政府は、合意に反対する「ナヌムの家」と関係ない元慰安婦への説得を優先し、5月、元慰安婦の「大半が評価した」と発表した。財団発足について、日本のマスコミは、「慰安婦「和解」へ一歩」と書きながら、「財団発足　抗議で混乱も」と報道）。

浅井基文、ダグラス=ラミス、中山弘正、樋口陽一ら10名が代表の「9条連」ニュース『世界へ未来へ』の16年5月20日号は、在日歌人・朴貞花の詩「十億円で最終的不可逆的解決とは許せない」を掲載。

十億円で最終的不可逆的解決とは許せない

朴　貞　花

十億円は賠償ではない
少女像を撤去し
最終的不可逆的解決と岸田外相
十億円とは米国から買うと決めた
オスプレイ十七機の三千六百億円
一機、二百十一億円の
二十分の一にも満たない

米国の対中政策
日・米・韓軍事一体化の
強化に与した政治的合意は
被害者への
残酷な人権蹂躙・侮辱だ

一月六日の水曜集会は
二十四周年、千二十二回目
良心の一片もない合意を

ハルモニ達は
日本の法的責任、
賠償と謝罪
真相究明を求めている

血涙のハルモニ達が
名乗り出た神聖な勇気
名乗り出られない
生死不明の数多の女性がいる

戦争被害女性の問題は
世界の女性の
普遍的な人権問題
世界的課題だ

誰が許せるだろうか？

少女像を守る老若男女
厳寒の昼夜を徹して守る若者
世界の彼方此方で
抗議が続いている
十二月二十八日の合意は
撤回すべきだ

朴貞花（パッ・チョンファ）は、1973年12月の「朝日歌壇」への初投稿が入選して以来、投稿・入選を繰り返し、年間最優秀の「朝日歌壇賞」も受賞。98年に近藤芳美が序文を寄せた歌集『身世打鈴（シンセタリオン）』（砂子屋書房）を刊行。2010年1月に『新日本歌人』にも参加して朴は、短歌だけでなく文字数の多い「行分け作品」による新たな自己表現も身につけて、さらに活動の領域を拡げた。その作風は、短歌と行分け作品による、江華島事件以来の日本帝国主義の戦争犯罪、植民地支配犯罪の告発、戦後日本社会のその戦争責任・植民地支配責任の放置への告発・糾弾と言えよう。その一環として、朴は図書館で出会った安川寿之輔『福沢諭吉と丸山眞男』『福沢諭吉の戦争論と天皇制論』の2著を素材にして、アジア侵略戦争を先導し、帝国主義的差別意識をたれ流した福沢諭吉を告発した「近代日本の『賢者』福沢諭吉を読む」と「福沢諭吉の公言」の2作品を、2014年『新日本歌人』6月号・7月号に投稿し、優秀作品の「月集」に選ばれた（機関誌『さようなら！　福沢諭吉』第7号、2019年5月に転載）。ただし、安川がこうした在日歌人・朴貞花の存在を知ったのは、5年後ちかい19年1月のことである。なお、本書の裏表紙に掲載されている「少女像」の椅子に座っている女性が朴貞花である。

キム・ハクスン記念の8月14日の日本軍「慰安婦」メモリアル・デーには、韓国内35ヶ所で「合意」の無効と「平和の少女像」建立宣言の集会を開催し、日本でも同日、東京と大阪で記念シンポが開催された。韓国の野党第1党の「共に民主党」議員71名は、8月29日、日本政府に10億円拠出の中断と韓国政府に合意無効化を宣言して、再交渉を求める声明を発表した（9月2日には日韓合意無効化を党論として採択）。その2日後、日本政府は「和解・癒やし財団」に10億円を送金した。

それに対して同日、「ナヌムの家」、「民弁」（民主社会のための弁護士の会）、韓国全国行動、挺対協などは、「正義記憶財団は日本軍性奴隷制問題の「正義の解決」を通じて被害者たちの人権と名誉を回復し戦時性暴力被害の再発を防ぐため力強く前進する」という連名の宣言文を公表した。

9月2日の韓国ギャラップ社の「日韓合意」に関する世論調査によると、「再交渉すべき」が63％、「日本は謝っていない」が84％、「平和の少女像の移転反対」が76％と発表。同じ項目への1月調査の数字が各々58％、72％、であることと対比すると、「合意」に対する韓国内の批判の世論が広がっており、ハンギョレ新聞は、その原因を10億円の送金が「賠償金でなく拠出金」だとして、日本が「公式謝罪をしなかったことへの国民の反感が高まった」ためと分析した。

「和解・癒やし財団」は、（こうした韓国世論を踏まえ）9月中旬に安部首相名義の「おわびの手紙」を要請したが、30日、岸田外相は記者会見で不快感を表明し、「日韓合意」への「追加的な措置は一切合意されていない」と発言し、安倍首相自身も10月3日の衆院予算委員会で、被害者へのお詫びの手紙について「毛頭考えていない」と答弁した。

同じ10月中旬、韓国国会の外交統一委員会の委員長は、前日の「ナヌムの家」訪問を踏まえて、「合意の無効と「和解・癒やし財団」の解体、韓日政府の全面的な再交渉を要求する」と発言した。こうした動きを後押しするように、同月22日、上海師範大学では、中国「慰安婦」歴史博物館（中国では4つ目の記念館）が開館し、中国と韓国の民族衣装を着た2人が並ぶ「慰安婦」平和少女像の除幕式が行われた。

中韓2少女の慰安婦像

上海の大学　中国で初設置、除幕

22日、中国・上海で上海師範大学の構内に設置された韓国人（左）と中国人の少女2人の慰安婦像＝共同

写真提供＝共同通信社

（2016年10月22日　中日新聞）

あけて17年1月8日に安倍首相がNHK「日曜討論」で「日本は…10億円をすでに拠出している。次は韓国がしっかりと誠意を示」すことと発言し、翌日には首相側近が「まるで振り込め詐欺だ」と語ったことに対して、韓国では猛反発が起き、「共に民主党」禹（ウ）院内代表は「安倍に10億円を返そう」と発言し、野党第2党「国民の党」の朱（チュ）院内代表も、前述の駐韓大使一時帰国を「外交報復」と批判し、少女像撤去要求は「盗っ人たけだけしい」と酷評した。

d、キャンドル革命の始まり

16年10月29日、朴大統領の退陣を求める第1回ローソク集会が開かれ、大統領と側近らの不正に対する国民的な怒りが爆発する中で、日韓合意は朴政権の失政との声も拡大した。翌11月5日、日本の「全国行動」は戦時性暴力問題連絡協議会とともに「日韓「合意」は解決ではない―アジアの「慰安婦」被害者たちは訴える！」東京集会を開催し、東ティモール、インドネシア、フィリピン、韓国の元性奴隷たちが「合意」反対を訴えた。

同月16日、「和解・癒やし財団」は被害者23人に1億ウォン（約930万円）を支給した（支給対象は政府認定の元慰安婦計245人。死亡者百99人の遺族には最大2000万ウォン（約184万円）。12月23日には「合意」時の生存被害者46人中34人が財団の支給受け入れの意思を表明し、29人への支給終了を発表。ただし、本人の知らない間の支給で返金の申し出もあった）。

並行して12月9日、韓国国会で朴大統領の弾劾が可決され（権限停止）、最大野党「共に民主党」の秋（チュ）代表は、「日韓合意」は「朴政権の失政」と批判し交渉中断を求めた。

同月27日、「韓国全国行動」も「日韓合意」1周年の記者会見で「朴政権の代表的な外交惨事である合意が強行された背景を徹底的に明らかにせよ」と要求し、「合意」の無効を主張した。翌日の大使館前「平和路」の2000人（警察推計700）参加の「水曜デモ」は、年内に亡くなった性奴隷の追悼会の後、7人の遺影を手に外務省前まで行進し、「合意破棄」を訴えた（同日、釜山総領事館前の「平和の少女像」設置については既述した）。

なお、韓国の歴史学、女性学、社会学、法学など多分野の研究者たちは、日韓「合意」直後に「日本軍「慰安婦」研究会」を発足させ、毎月研究会を重ねてきた。その会長の金昌禄(キム・チャンロク)慶北大学教授は、「合意」1年後の日本のマスコミの取材に応じて、日本軍「慰安婦」問題の本質が「犯罪事実の認定、公式な謝罪、賠償、真相究明、歴史教育、責任者処罰」であることは国際社会の常識と指摘し、「今回の合意には、真相究明、歴史教育が記されていない」点で「河野談話より後退している」と分析し、結論として、「合意は破棄すべきだ」との立場を表明した。

あけて17年1月、日本政府が釜山「少女像」設置への対抗として、愚策の駐韓大使と釜山総領事の一時帰国措置をとった2日後、「全国行動」は「条件付き謝罪は謝罪ではない。日本政府は、日韓合意の破綻を認め、「慰安婦」被害者と韓国の民意に向き合え」の声明を発表した。同月下旬24日に、NHKの「クローズアップ現代+」の「韓国過熱する〝少女像〟問題、初めて語った元慰安婦」放映に対して、「支援金」を受け取った被害者の「声」だけをとり上げ、反対の被害者は1人も登場させずに、「少女像」について「当事者の思いとは異なる形で少女像が設置されている」と断定する「異様な偏り」をもった、韓国の市民運動への偏見・嫌韓意識を助長する「悪質・御用」番組の放映にたいして、全国行動はVAWW―RAC（「戦争と女性への暴力」リサーチ・アクションセンター）とともに公開質問状を提出し、2月2日に記者会見を開いた。

事態は、NHKが女性国際戦犯法廷をめぐる安倍晋三らによる「番組改変事件」をまったく反省していないばかりか、日本政府の意向を忖度する姿勢をさらに深化させたものである。全国行動共同代表の梁澄子（ヤン・チンジャ）は、日韓合意で「お詫びと反省」を口にしながら、お詫びの手紙を書く気は「毛頭ない」（安倍首相）と言い放ち、10億円の「振り込め詐欺」の被害者面をしている日本政府の誤りを批判するとともに、解決の道は、主権者日本国民が声を上げ、日本政府を「慰安婦」問題の本質にたちかえらせる以外にないであろうと指摘した（困難ではあるが、本質的な問題提起である）。

6、第五の衝撃波―文在寅大統領の誕生（2017年5月〜）

a、文在寅大統領の誕生

17年1月中旬、韓国の（5月9日の）次期大統領選に向けた動きが本格化する中で、有力候補の間での日韓合意「見直し論」の高まりの報道が始まった。前年末の報道（12・27「朝日」）では、保守系有力候補の潘基文前国連事務総長が「合意」の歓迎者とされていたが、帰国後は「再交渉の可能性を示唆」し、10億円が「少女像撤去に関係するものなら返却した方が良い。話にならない」と語った事実を伝え、当初から合意反対の「革新・左派系候補」だけでなく「有力候補者全員が合意を批判する」事態となっていることを報じたものである（1・14「中日」は、合意賛成25・5％、反対59％の韓国世論調査の数字を伝えた）。

釜山総領事館前の「少女像」設置に対する駐韓大使・総領事の帰国指示が成果を見通せない愚かな対抗措置と指摘したが、1月31日の「毎日」は「大使帰国 異例の長期化」という見出しで、対抗措置が「3週間と異例の長期」となり日本政府の「韓国へ不満募る」と伝えながら、「野党の有力大統領候補が釜山の少女像を訪ねるなど、むしろ少女像の「固定化」が進んでいるのが実情だ。」と伝えた。2月9日の「朝日」は、同様に「駐韓大使一時帰国から1ヶ月」の見出しで「首相は強い憤りを感じている」「1ヶ月を超えるのは異例だ（過去の最長13日間）」と書きながら、より大きな見出しで「少女像「出口なし」」（外務省幹部）と報じざるを得なかった。

3月22日の「朝日」は、「「反・朴」の嵐　動かぬ少女像」「日韓合意　高まる再交渉要求」「支持率トップ文氏も」「固定化求める世論「法より上位」」「移転望む元慰安婦も」という沢山の見出しの付いた6段抜きの大きな記事で、「5・9大統領選」がらみの「少女像」問題の韓国の「激動」を2枚の写真（総領事館前の合意無効を訴えるデモと、「少女像」の説明をするボランティア男性の姿）入りで伝えた。

記事は、①釜山の少女像も訪れた大統領選支持率「ダントツ」の文在寅候補が、日韓合意について「日本の法的責任と公式謝罪が盛り込まれていない合意は無効であり、正しい合意ができるよう日本との再交渉をもとめる」と明言したこと、②参加者約1000名の3月1日総領事館近くで開かれた集会では、「屈辱的な韓日合意を無効化させるためには、必ず少女像を守り抜かなければならない」と「守る会」の女子大学生が訴えたこと、③警察当局関係者は、ソウル大使館や釜山総領事館周辺での集会は禁止されているが、「韓国の場合、法の上に国民の声があり」「どうしようもない」と漏らしたこと、④二月中旬の韓国ギャラップ世論調査（合意は「再交渉すべき」が70％）では釜山の少女像は「そのまま置かなければならない」が78％にのぼったこと、⑤挺対協によると、3月3日現在で、慰安婦問題に関する「少女像」や「平和の碑」は韓国内で65ヶ所、外国では米国などを中心に17ヶ所に設けられていることなどを伝えた。

4月29日には、少女像（6月末に少女像は釜山市が保護・管理する条例が成立）に加えて、日本企業に損害賠償を求めている元徴用工の遺族や支援者らの市民団体「対日抗争期強制動員被害者全国連合会」が、日本大使館と総領事館前に徴用工の像を、解放記念日の8月15日に少女像の横に並べて設置する旨の計画を明らかにした（5月下旬の「中日」は、日本のマスコミとリベラル派知識人が賞賛する朴裕河教授の6段抜きの単独インタビューを掲載した。記事は、日韓合意を評価し、「少女像」では「朝鮮人慰安婦の本当の悲しみは表現できない」というかの女の合意への肯定的評価を紹介しているが、その朴教授も、韓国の国民にとっては「少女像は抵抗と闘争のシンボル」となっており、その撤去は「よい解決策にはなりません」と表明している）。

つまり日韓合意反対の韓国の市民運動は、さらに日本の植民地支配総体の責任を問う運動へと進展する様相を展開し始めたのである。菅官房長官は「日韓関係に好ましくない影響」と反発しているが、既述したように、（世界史的な司法の流れに掉さして）2011年8月の韓国憲法裁判所の性奴隷問題は請求権協定の対象外という指摘が大使館前の「少女像」建立を促し、12年5月の韓国の最高裁が、強制徴用工問題訴訟において、「朝鮮半島支配は不法占領であり、…韓国人の請求権と外交保護権は…消滅していない」という画期的な判決を出したことは、徴用工問題も性奴隷問題同様の闘いに発展することを示唆していた。

対抗措置の長嶺駐韓大使の異例の4ヶ月にわたる帰国措置はなんら成果を上げることなく、4月4日に大使は空しくソウルに帰任した。5月9日の大統領選挙で、韓国国民が合意再交渉派の文在寅（ムン・ジェイン）を大統領に選出したこ

ソウル市竜山駅前の徴用工像

とは、以上の闘いをさらに押し上げる歴史的な成果と言えよう。6月28・29両日の「朝日」は、前政権での合意を「国民の大多数が情緒的に受け入れていない」という文新大統領の発言を受けて、＜慰安婦問題と韓国の国民情緒＞の小特集を掲載した。その沢山の小見出しを列挙すると、「慰安婦合意　反発の背景」「元慰安婦「謝罪がない」」「（おわびの）手紙「毛頭ない」に衝撃」「集会　小学5年も参加」「合意推進　財団に葛藤」「（韓国）メディアは（財団事業に）前向き評価ためらい」「合意の意義伝わらず」などとなっている。

文大統領の特使として訪日した文喜相（ムン・ヒサン）元国会副議長が安倍首相に（7割の国民が「再交渉」を求めているが）「すぐ再交渉　求めず」と伝える上記「朝日」記事の見出しの中でも、文大統領が米紙のインタビューで「解決するための核心は、日本政府がその行為に対して法的責任をとることと公式謝罪をおこなうことだ」と問題の原則を語っていることを紹介しながら、結びはそれを「ポピュリズムだ」という見当違いの日本政府の「声」の紹介で終わっている。同じ6月29日「中日」は、「アトランタの総領事が「慰安婦」は売春婦？」という見出しで、2分の1の紙面を使って、合意直後の元文部科学副大臣の恒例の「妄言」発言に次ぐ総領事発言を紹介するとともに、「少女像建設　米でやまず」の見出しで合衆国の地図入りの「米国内の主な慰安婦の像や碑」を紹介し、「合意」賛成派の在米日本人の「歴史の真実を求める世界連合会」が少女像撤去要求の訴訟を起こしたが、3月の米連邦最高裁で原告敗訴が確定したことなどを伝えた。

17年7月7日のドイツでの安倍首相と文大統領の初の首脳会談では「日韓「未来志向」を演出」「首脳会談慰安婦、踏み込まず」と報道された。しかし、19日に発表された文政権の「国政運営5ヶ年計画」では、「合意」については「慰安婦問題は被害者と国民が同意できる解決策を導き出す」との抑制的な表現にとどめながら、今後の具体的な方針として、18年に、キム・ハクスン記念の8月14日を「慰安婦被害者をたたえる日」に制定し（17年11月の国会で「日本軍「慰安婦」被害者記念の日」法案を可決）、19年に「慰安婦被害者の研究所」を設立し（18年8月に「日本軍慰安婦問題研究所」を前倒し的に設立し開所式。所長に、既述した「日本軍「慰安婦」研究会」会長の金昌禄が就任）、20年に「慰安婦被害者の歴史館」を設立するなどの問題解決への前向きの具体的姿勢を公表した。

日本政府は、これらの具体策が「日韓合意の趣旨」に反すると抗議するとともに、康《カン》外相が韓国紙のインタビューで、「合意」の再交渉が「選択肢の一つになり得る」と主張し、少女像については「日本が移転を求めるほど、像はさらに作られる」と述べたことにも抗議した。7月28日に「和解・癒やし財団」は設立1年を迎えたが、同月初旬に新任の鄭女性家族相が財団を「原点から再検討する」と表明し、与党議員から同財団の解散法案も国会に提出されるという事態を迎え、金財団理事長が辞意を表明したことで、財団の活動は「事実上停止状態」となった。

7月21日、日本のNPO法人「言論NPO」と韓国のシンクタンク「東アジア研究院」の合同世論調査によると、慰安婦問題が日韓合意によっても「解決されなかった」の答えが日本53％、韓国75％にのぼり、日韓合意を「評価しない」としたのは日本25％、韓国で55％とのこと。このうち注目すべきは、韓国の合意を「評価しない」が前年比18％増の結果としての55％であることである。その増加は、合意反対の韓国市民運動の成果であるとともに、安倍首相のお詫びの手紙を「毛頭考えていない」発言がもたらした相乗効果と言えよう。

b、文大統領の「光復節」記念式典演説—徴用工問題

17年8月12日、韓国の全国民主労組総連盟（民主労総）などが主導する市民団体が、ソウル市内の竜山駅前（戦時中、朝鮮人労働者の集結地）と仁川に徴用工の苦難を象徴する労働者像を設置した（102頁参照、10月には日本大使館と済州総領事館そばの設置を予告）。除幕式に参加した与党「共に民主党」の禹（ウ）院内代表は、徴用工問題での取り組みが甘かったと反省し、「全世界にこの像を建て、日本の行為を記憶しなければならない」と語った。

植民地支配からの解放記念日の8月15日「光復節」を迎えると、文在寅大統領は、大統領府の昼食会に金福童（キム・ボクトン、九一）ら元慰安婦2人と、元徴用工4人を招待した。一方、ソウル市内の循環バス5台は「少女像」のレプリカを乗せて運行を開始し（朴元淳・ソウル市長も視察に同乗）、慰安婦支援の市民団体は、ソウル中心部の広場に500人分の少女像のミニチュア像を展示し、労組とともに10億円を日本に返還し年内の「合意」破棄を目指すとして、100万人を対象にした少

額募金運動を始めることを表明した。

文大統領は、独立運動家、金九（キム・グ）や金の指示で昭和天皇暗殺を図った李奉昌（イ・ボンチャン）らの墓を訪れた後、「光復節」記念式典演説で、日本との歴史問題で慰安婦に加えて徴用工問題を挙げ、「人類の普遍的な価値と国民的合意に基づいた被害者の名誉回復と補償、真実究明と再発防止の約束という国際社会の原則がある。韓国政府はこの約束を必ず守る」と強調するとともに、解決に向け「日本の指導者の勇気ある姿勢」を求めた。

就任100日目に合わせた8月17日の記者会見において、文大統領は、日本統治時代に朝鮮半島から動員されて働いた「徴用工」について、日本企業に対する個人の損害賠償請求権を認める立場を表明した。既述した韓国最高裁の司法判断を、大統領として初めて支持したものである。韓国は盧武鉉（ノ・ムヒョン）政権時代の05年8月、無償3億ドルの経済協力金に徴用工の補償問題解決の資金も含まれているとの見解を提示していた。ところが、韓国最高裁が12年に、日本の国家権力が関与した反人道的な不法行為の「強制徴用」については、（韓国内の従来の判例も覆し）個人の損害賠償を求める権利を認める判断を下していた。

文大統領は、「両国の合意（請求権協定）があったとしても個人の権利を侵害することはできない」「政府は（民間の権利は残っているという）最高裁判決の立場で問題に取り組んでいく」と表明して、過去の自国政権の（元徴用工への補償は解決済みの）判断を覆したのである（これに対して日本外務省は、「徴用工問題は65年の請求権協定で完全かつ最終的に解決済みだ」の申入れを繰り返した）。徴用工問題の訴訟は、最高裁と同じ判断によって、三菱重工業や新日鉄住金、不二越に1人当たり1億ウォン（約950万円）の損害賠償を命じた原告勝訴判決は確認されただけですでに11件あり、14件が係争中である。現在、韓国政府が強制動員被害者として認定している被害者数は、約22万人（39年～45年の朝鮮半島からの動員数は約70万人）で、うち軍人や「慰安婦」を除く「労働者」と分類した者は約15万人である。

以上のような日本軍性奴隷問題（文政権は「合意」の成立過程を検証中）と徴用工をめぐる歴史問題認識の転換の背後には、韓国の独立と近代化の歴史認識そのものの転換がある。朴前大統領らの保守派が1948年の李承晩（イ・スンマン）政権樹立を韓国の建国と捉えるのに対して、李承晩政権は植民地支配に協力した「親日派」が支えたと文大統領ら革新側は批判し、金九（キム・グ）らが参加した1919年の大韓民国臨時政府(3・1独立運動直後の4月10日に上海で組織された亡命政府)の発足が韓国建国の起源と革新側は主張しており、文大統領が「光復節」記念式典の前に、金九や(昭和天皇暗殺を図った)李奉昌らの墓参を済ませたのもそういう意味を持っていた。

一方、同じ時期の8月14日、日本軍性奴隷問題を広く世界に知らせ、日本政府の公式な謝罪、補償を求める行動が、ベルリン中心部のブランデンブルク門の前で開催された。ドイツに住む日本女性たちの会「ベルリン女の会」や在独韓国人のコリア協議会が主催し、行動では、韓国、北朝鮮、インドネシア、フィリピン、オランダ、東ティモールなど9人の「慰安婦」被害者の肖像を掲げた。主催者の1人、コリア評議会の韓静和議長は、日韓合意について、合意には「日本社会が変わらなければならないということが1項目もなかった。古い合意は破棄して、両国の社会が関与する新しい合意をむすんでほしい」と主張していた。

c、日韓「合意」検証結果と新たな対応（策）

17年7月末に発足した日韓「合意」過程を検証する韓国外務省の作業部会の検証結果が同年12月27日に公表された。韓国の康京和（カン・ギョンファ）外相は、同月19日に初来日して河野外相と会談し、「合意」への否定的評価が中心の検証結果を公表する前に、その評価をあらかじめ伝え、日本側の理解と反応を探った。合意見直しに応じない立場の河野外相は、会談後、「日韓合意が着実に履行されることが重要だと強く申し入れた」とクギを刺したとのこと。

検証結果公表の翌28日、文在寅大統領は、以下の声明を出した。「…2015年の韓日両国政府による慰安婦問題交渉は、手続き的にも内容的にも重大な欠陥があることが確認された。…／歴史問題の解決において確立された国際社会の普遍的な原則に反しているだけでなく、何よりも被害当事者と国民が排除された政治的合意だった…／また、事実と確認された非公開の合意の存在は、国民に大きな失望を与えた。先の合意が両国首脳の追認を経た政府間の公式の約束であるにもかかわらず、…この合意では慰安婦問題が解決できないことを、改めて明確にする。そして、再び傷を負ったであろう慰安婦被害者の皆さまに、心より深い慰労の意を伝える。／歴史において最も重要なことは真実だ。真実に背いたところに道を開くことはできない。…／私は韓日両国が不幸だった過去の歴史を克服して、真の心の友となることを望む。そのような姿勢で日本との外交に臨みたい。…」（12月29日「中日」）。

声明文が韓国「国民に大きな失望を与えた」と指摘している「日韓合意」の「非公開の合意」とは、韓国政府が①挺対協などの「慰安婦」支援団体の説得に当たる、②諸外国の「慰安婦」の像や碑設立の支援をしない、③今後「性奴隷」という表現は使用しないという無理難題だからこそ非公開にした3件の要求である。この非公開の合意3件を含めて、15年12月29日の日韓「合意」は、既述したように、日本にとっては間違いなく「満額回答」であるが、韓国側から見れば、明らかに「不均衡な合意」であり、国民的支持を喪失しつつあった朴槿恵大統領の「売国的」な「拙速外交」「屈辱外交」がもたらした「政治的な合意」であり、まさに「外交惨事」であった。

17年末の検証結果の公表を踏まえて、明けて1月9日に康外相は韓国側の「合意」への新たな対応策を発表した。性奴隷支援団体などの要求した合意の「再交渉」や10億円の「返金」要求は退け、(大統領声明文の)「先の合意が両国首脳の追認を経た政府間の公式の約束」であることを踏まえて、「合意に関して日本政府に再交渉は求めません」「韓国政府も10億円を支出する」という大人の外交対応を選択するとともに、「但し、日本が自ら国際的な普遍基準によって真実をありのまま認め、被害者の名誉と尊厳の回復と心の傷の癒しに向けた努力を続けてくれることを期待する。…願うのは自発的で心がこもった謝罪です。」という当然の期待を表明した。翌日の新年記者会見において、文大統領も同趣旨の対応を語るとともに、日本への同じ自発的な努力への期待を表明した。

検証結果を踏まえた文大統領以下の韓国の対応に対して、日本側は、18年1月4日以来、菅官房長官と安倍首相が「合意は国と国との約束であり、1ミリたりとも動かさない」「合意は不可逆的で、1ミリも動かすことはあり得ない」と繰り返すばかりの拙劣な対応であった(1月4日、24日、2月1日)。加えて日本のマスコミも、「外交常識に外れ、非礼である」(読売)、「少女像…先送りしているのは韓国側」(「産経」)、「日韓合意順守こそ賢明な外交だ」(「朝日」)、「安易な蒸し返しでは困る」

「「合意」の根幹を傷つけた」（「毎日」）などと、韓国非難の大合唱を展開した。

しかし私は、上記の文大統領の声明を筆頭に、検証結果を踏まえた韓国政府の対応策を含めて、韓国側の対応は情と理を尽くした冷静な対応として、積極的に支持・擁護する。それが正当な評価であることを、いささか詳しく論じておこう。

まず、菅官房長官・安倍首相に近い（本来は2人を支持する）立場の人物の発言から見よう。2月1日の安倍首相の「1ミリも…」発言の翌日、二階俊博自民党幹事長は、「国のトップが1ミリも動かさないと言ったら何も動かない。それはなかろう」、「そんな交渉に国の将来を任せられますか」、外交が「自分の主張だけで通るなら、家の中で考えておればいい」と語った（「朝日」）。痛烈な批判というより、外交についての常識的な考えであろう。

それより早く18年1月16日の記者会見でティラーソン米国務長官は、慰安婦問題について、日本が「なすべき事はまだある。最終的には両国が問題を克服することを期待している。」と語った。記事（1・28「中日」）は、「日韓合意の追加措置を促す韓国の立場に米国が理解を示したと解釈されかねないという懸念」を日本が米国に伝えたという内容である。アメリカ高官からこういう発言が出るのは、それが性奴隷問題の15年末の日韓「合意」についての国連機関を中心とする世界の共通認識だからである。既述したように、16年3月7日の国連女性差別撤廃委員会、3月10日のザイド国連人権高等弁務官、11日の国連人権問題専門家3人の共同声明、21日の国際自由権規約委員会、17年5月の国連拷問禁止委員会などが、そろって日韓「合意」の無理や誤りを指摘し、見直しや再交渉を求めてきていたところである。

安倍首相の対応を名指しで批判したアメリカの市民組織「「慰安婦」正義連盟」の18年1月18日の声明は、韓国の対応は上記の「国連の女性差別撤廃委員会が発表した内容と合致するもの」と評価し、15年「合意」の目的は、「日本政府が「慰安婦」問題の真の解決の責任から逃れることにあった」と指摘した。にもかかわらず、「残念なことに、朝日、読売、毎日など、日本の大手マスコミ各社も日本政府の欺瞞を批判するどころか、日本政府に追従し、日本政府の異常な主張をあたかも正常であるかのように報道している」と批判した。

つまり、文大統領の「韓日両国政府による慰安婦問題交渉は手続き的にも内容容的にも重大な欠陥があることが確認された。…／歴史問題の解決において確立された国際社会の普遍的な原則に反しているだけでなく、何よりも被害当事者と国民が排除された政治的合意だった」という声明は、韓国の独善的な主張ではなく、国連関係者がそろって同調的に問題にしている内容である。また、15年末の韓日「合意」から1年余の17年2月の韓国ギャラップの世論調査では、「再交渉しなければならない」の回答が（16年1月58％、同年9月63％から）70％へと増大していた（釜山の少女像は「そのまま置いておくべき」が78％）。韓国外相と大統領は、「再交渉はしない」と世論を一面退けながら、世論の意向・要求に応えて「被害者の名誉と尊厳の回復と心の傷の癒しに向けた」日本政府の自発的な「努力」を要請したものである。

マスコミまでが参加して、その正当な韓国の対応への非難・批判のガラパゴス的合唱が主流の日本のために（JNN世論調査では、韓国政府の対応を「理解できない」が85％に及び、逆に1月の「読売」の調査では安倍政権の誤った姿勢を「支持する」との回答が83％となっている）、今度は日本の識者の評価を確認しよう。

こどもと教科書全国ネット21『事務局通信』111号によると、元外務省国際情報局長孫崎享（評論家）が寄稿した〝Business Journal〟（18・1・15）は、「公式文書すらない日韓合意、韓国の見直しを非難する安倍首相のほうが異常で非常識」と題して、先ず「日韓合意」は両外相の共同記者会見での口頭報告に過ぎず、条約ではなく、両外相の共同署名文書でもないことを指摘したうえで、「新しい政権の誕生後、国民の関心の高い問題で、新政権が方針を変えることは異常ではないことを強調した（米国のトランプ政権は、その見本そのもの）。そして、（韓国は「再交渉」を求めず、10億円の拠出を決めて、加害国日本に問題解決の「努力」を求めているだけであるのに）「韓国側が一方的にさらなる措置を求めることは、全く受け入れることは出来ない」と息巻く安倍首相が異常なのである。そしてさらに、「この異常さを指摘する声がほとんど聞かれない日本という社会も、相当深刻な異常段階に入っていることを認識すべきだ。」と結んでいる。

（日本軍「慰安婦」問題解決）「全国行動」は、1月23日に声明「「日韓合意」は解決ではない　政府は加害責任を果たせ」を公表した。声明は第1に、「韓国政府の検証結果と新方針を貫くキーワードは、「被害者中心アプローチ」だ。」として、「被害者らが受け入れない限り、政府間で慰安婦問題の『最終的・不可逆的解決』を宣言しても、問題は再燃するしかない」という検証結果報告は、正鵠を射ている。」という評価を示し、「その新方針は、（女性差別撤廃委員会の最終所見、国際人権問題専門家らによる共同声明、拷問禁止委員会の最終所見などの）国際社会が樹立してきた国際人権問題基準に合致したものだ。」と確認した。第2に、対する日本と安倍首相の態度は、「合意」後「日本政府はすぐさま「性奴隷ではない」、「強制連行を示す資料は発見されていない」、「戦争犯罪にあたる類のものを認めたわけではない」等、事実認識が従前と何一つ変わっていないことを繰り返し表明した。」と指摘した。

第3に、「韓国政府が求めたのは「さらなる措置」ではない」ことを指摘・主張して、最後に、「政府は加害責任を果たせ」として、「私たちは、日本政府が、かつて日本軍の性暴力の被害に遭ったアジア全体に広がる全ての女性たちの被害回復のために、国際基準に則って、真実を認め、心から謝罪し、記憶・継承していくことを強く求める。」と結んだ。

日本のマスコミの、検証結果をふまえた韓国政府の対応策への日本政府の誤った拙劣な対応に追従する合唱が続いている中で、18年1月26日、「東京新聞」は

「こちら特報部」で、この問題を特集した。7つの適切な見出しがつけられた好ましい記事なので、まず、その見出しを安川サイドにひきつけて並べ変えることで、その概要を紹介してみたい。主題の最大の見出しは、①「文大統領の主張を考える」である。私自身も積極的に評価している「文大統領の主張」を、紙面は、真面目に受け止め考えてみよう、と読者に呼びかけた適切な見出しである。次はその主張内容を、②「慰安婦問題の日韓合意は誤り」であると端的に指摘し、日本は③「心尽した謝罪を」求められているという呼び掛けである。

その大統領の日本軍性奴隷問題の主張を正しく受け止めるには、④「『人権問題』を前面に」据えて、⑤「被害者中心の対応(が)必要」となる。また、韓国政府の⑥「新方針(は慰安婦問題の)「国際的な潮流(を)くむ」内容となっているという評価を提示している。ところが安倍政権にはその基本的な姿勢がなく、「1ミリも動かせない」云々などという自民党幹事長(や米政府高官も)も呆れる拙劣な対応をしているために、結論として、⑦「国連は日本の姿勢に厳しい目」を注いでいるという内容になっている。5段組2面の特集記事には、文大統領と日韓「合意」の際の両国外相の握手の写真と並んで、「韓国・釜山の日本総領事館前で慰安婦問題をめぐる日韓合意の破棄を訴える市民団体」の写真も添えられていた。

以上の私なりの記事紹介が恣意的なものでないことを確認するために、記事に登場する日本人と団体の発言内容を紹介しておこう。阿部浩己教授（国際人権法）は、「慰安婦問題は、…一貫して人権問題だった」のに「国家と国家の関係で処理をしようとした」点に無理があったとして、「韓国政府の新しい方針は「国際的な人権保障の潮流を組み入れた形で慰安婦問題に取り組んでいくというメッセージ」であり、「韓国が「国際法上の義務を果たしていない」というイメージが日本に広がっているとすれば」それが「間違いだ」と指摘している。

前田朗教授（戦争犯罪論）は、「政権が交代すれば外交方針が逆転することは珍しくない」という問題を指摘し、日本政府がトランプの方針転換には腰抜けの無批判なのに、「韓国相手になると居丈高に非難を浴びせている」姿を皮肉っている。

記事は、「日本軍「慰安婦」問題解決全国行動」の前掲声明も紹介しており、韓国政府の新方針は国際人権基準に沿った「被害者中心アプローチ」に貫かれているという認識を示し、「同団体の共同代表の梁澄子」が、「改めて日本政府に加害責任に向き合うよう」要求していることを紹介している。

以上のように、「東京新聞・こちら特報部」は日本では異色の前向きの特集記事であり、性奴隷問題の解決が絶望の道のりではないことを示唆している。

d、文大統領「三・一独立運動記念式典」演説

18年3月1日、文在寅大統領は、朝鮮全土が反日独立運動のるつぼとなった1919年の「3・1独立運動」記念式典を、抗日運動家が投獄・獄死させられたソウルの「西大門（ソデムン）刑務所歴史館」（刑務所跡地）を選んで開催し、16歳で獄死した柳寛順などの名前を列挙しながら、「西大門刑務所のレンガ一つひとつに、苦難と死に立ち向かった崇高な話が刻み込まれている」と述べ、3・1運動が日本帝国主義の植民地支配からの解放と国民主権を勝ち取る「精神的土台」となったことを演説した（6大隊派兵の憲兵隊と軍隊だけでなく、鉄道援護隊・在郷軍人会・消防隊まで動員した総督府による日本の3・1独立運動への弾圧は苛烈をきわめ、死者7509名、負傷者1万5961名、

被囚者4万6948名。破壊された官公署は、警察署・警官駐在所87ヶ所、憲兵駐在所72ヶ所、軍・面事務所77ヶ所、郵便局15ヶ所、その他27ヶ所、合計278ヶ所とのこと。―趙景達『植民地朝鮮と日本』)。

新たな史観に基づく「建国」記念日の格調たかい歴史的な演説ということで、3月1日、2日の日本のマスコミ各紙も「文氏、加速する対日批判」「「慰安婦」めぐり文大統領が批判」「日本側の不信増幅　懸念」などという反発的な見出しを含めて、そろって演説内容を詳しく伝えた。

前年8月15日の植民地支配からの解放記念日「光復節」の記念式典演説を、独立運動家の金九や李奉昌の墓参を済ました後に行ったように、文大統領らは、(1948年の李承晩政権樹立が「韓国の建国」という旧来の歴史観に代わって)3・1運動後、独立運動家たちが中国・上海で組織した「大韓民国臨時政府」こそが「韓国の建国」という新たな歴史観を提示しつつあった。その運動の延長上に朴前大統領の退陣を求めた数十万から数百万人が繰り返し参集し総計1700万人(『写真集キャンドル革命』コモンズ)に及んだ「ろうそく集会」を位置づけ、大統領は、そのたたかいを「国民主権」を確立する「積弊清算」の「ろうそく民主主義の実現」と評価した。

3月1日の「中日」は、「慰安婦問題は人道犯罪」という見出しの記事で、別枠に囲んで、「大統領演説のポイント」を以下の4項目に整理して紹介した。①「従軍慰安婦問題は反人道的な犯罪行為だった。加害者の日本政府が終わったと口にしてはならない」、②「日本に特別な（新たな）対応を要求はしない。ただ心からの反省と和解に基づき、共に未来へ進むことを願うだけだ」、③「独島（島根県・竹島の韓国名）は日本の朝鮮半島侵奪の過程で最初に支配を受けた私たちの領土だ」、④「植民地支配からの解放100年となる2045年までの間に朝鮮半島の（南北による）平和共同体を完成させなければならない」。

①、②に関連して、大統領は「歴史を記憶し、その歴史から学ぶことが真正な解決」と語り、「日本は人類普遍の良心で歴史の真実と正義に向き合わなければいけない」「苦痛を加えた隣の国と本当に和解し、平和共存と繁栄の道に共に歩くことを望む」と呼びかけた（2日「中日」）。隣人としての真っ当な期待と注文といえよう。

③に関連して私の注目と関心を惹いた記事は2日の「赤旗」報道である。日本共産党は竹島は日本の領土という認識のはずであるが、竹島について以下のように伝えた。独島は「『朝鮮半島侵奪の過程で、最初に占領された領土』であり、『韓国固有の領土』だとの認識を示しました。その上で『日本が事実を否定することは、

帝国主義侵略に対する反省を拒否することに他ならない」と批判しました」。当然の客観報道とは思いながら、竹島は韓国の領土という井上清（京大教授）説に学んだ私は、興味をひかれた。私は、日本と韓国が「我国固有の領土」と主張しあうことを避けて、とりあえず、同島の共同利用宣言が出来ないかと考えている。

④は、来年「3・1独立運動」100年を迎える韓国の大統領が、「植民地支配からの解放100年」となる27年後の2045年を見据えて、朝鮮半島の南北統一実現の目標と夢を語ったもので、独立運動記念日の演説のしめくくりに相応しい提言である。

日本軍性奴隷問題を打開し解決する基本的な道は、文大統領と康外相がそろって求めているように、「日本が自ら国際的な普遍基準によって真実をありのまま認め、被害者の名誉と尊厳の回復と心の傷の癒しに向けた努力を続ける」ことである。しかしそれが絶望的に困難な道のりであることは、日本のマスコミの現状、社会の保守化・右傾化、知識人の「頽落」などの事象を通して、本書が確認してきた。

にもかかわらず、日本軍「慰安婦」問題解決「全国行動」共同代表の梁澄子が主張しているように、主権者日本国民自身が「日本政府に対して…「慰安婦」問題の本質に立ち返った認識を示すよう働きかける他に解決の道はない」（「ふぇみん」17・2・25）ことも事実である。既述した18年1月26日の「東京新聞・こちら特報部」は、日本のマスコミの場合でも、性奴隷問題の「本質に立ち返っ」て、主権者日本国民が「文大統領の主張を考える」ことの出来る可能性のあることを示唆していた。絶望ではない。

文大統領の「3・1独立運動」記念演説の結び④の「朝鮮半島の南北統一実現の目標と夢」が、18年の年明け1月元旦の朝鮮民主主義人民共和国の金正恩朝鮮労働党委員長の平昌オリンピック参加（2月）を含む「南北対話」の提案を契機に、劇的な展開を始めた。4月27日の板門店での南北首脳会談が実現し「朝鮮半島の平和と繁栄、統一のための板門店共同宣言」が採択され、6月12日のシンガポールでの第1回の米朝首脳会談も実現し、9月20日の平壌での南北首脳会談において、核・ミサイル施設廃棄も明記した「平和と非核化の共同宣言」と「板門店宣言履行のための軍事分野合意書」が発表され、そして現在、世界は、金正恩委員長とトランプ大統領という政治家両首脳への信頼・評価には戸惑いながら、第2回目の米朝首脳会談の実現を固唾をのんで注目しているところである。

以上の劇的で画期的な南北首脳会談、米朝首脳会談の実現によって、すでに南北離散家族の再会、南北連絡事務所の開設、朝鮮戦争時の米兵遺骨の返還などが進んでおり、文大統領は朝鮮半島の南北統一の夢の実現を「植民地支配からの解放100年」の2045年までにと語ったが、(南北連絡事務所の爆破などの事態は続いているが、)世界の注目を集めながら、北朝鮮の非核化実現を核として、もっと早い時期での「朝鮮半島の平和と繁栄、統一」の夢の実現が期待されているところである。

結びにかえて──本冊子の成り立ちを含めて

私は、2000年以来の『福沢諭吉のアジア認識』『福沢諭吉と丸山眞男』『福沢の戦争論と天皇制論』『福沢の教育論と女性論』の福沢研究四部作に続いて、同じ高文研から、2019年8月に新著『日本人はなぜ「お上」に弱いのか──福沢諭吉と丸山眞男が紡いだ近代日本』を刊行した。

同書のいささか異色の「あとがき」に書いたように、もともと同書は、『戦後民主主義は虚妄であった──その確認から出直そう』という書名の本として執筆した。しかし、高文研から書名の変更と、元原稿の大幅な短縮・削除を求められた。その一環として、同書の第Ⅱ章の「日の丸・君が代」問題と並んで執筆した「日本の戦争責任・植民地支配責任と「日本軍性奴隷」問題」の全面削除を依頼された。

折しも2019年8月は、国際芸術祭・あいちトリエンナーレ「表現の不自由展・その後」が、愛知芸術文化センターにおいて開催が予定されながら、（2012年の「南京事件はなかった」発言に象徴される）確信犯的歴史修正主義者の河村たかし名古屋市長による、日本軍性奴隷問題を象徴するキム夫妻作の「平和の少女像」展示への批判・攻撃を発端として、「展示中止」事件の渦中の真っただ中にあった。

そのため、名古屋の市民運動の仲間から、河村市長の「少女像」非難の誤りと、「徴用工」問題に対する韓国最高裁の真っ当な判決への安倍内閣の政経分離原則を無視した誤った対応を批判する講演を依頼され、私自身が支部代表を務めている「不戦兵士・市民の会」の毎年恒例の「不戦の集い」講演会を行った。

9月18日、先に刊行した『日本人はなぜ「お上」に弱いのか―福沢諭吉と丸山眞男が紡いだ近代日本』で書ききれなかった私の考えを「混迷する日韓関係打開の道」という副題を付けて、A４紙20枚をこす講演レジュメを作成した。基本的に同じその原稿か

日本人はなぜ「お上」に弱いのか
安川寿之輔（著）高文研

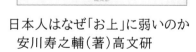

ら構成された本冊子の刊行も、同じ名古屋の市民運動の仲間（「不戦兵士・市民の会」東海支部、「ノーモア南京」名古屋の会、子どもたちに「戦争を肯定する教科書」を渡さない市民の会）らの勧めと世話による。

日本軍性奴隷問題をめぐる直近の出来事として、性奴隷の象徴的人物として活躍して来た李容洙（イヨンス）ハルモニが、今年5月に2度、ソウルと大邱において、「挺対協」を継承した「正義記憶連帯（正義連）」運動の内部批判をしたために、韓国の保守系の大手新聞3社（朝鮮日報・中央日報・東亜日報）が「正義連」と尹美香元理事長批判と「疑惑」報道のキャンペーンを展開し、（ほぼ一貫して性奴隷問題報道を誤ってきた）日本のメディアもそれに追随する（テレビの連日のワイドショウで「安倍応援団」の識者が論陣を張る）という事象が展開された。

しかしその内実を見ると、ソウルの日本大使館前だけでの「水曜集会」への李容洙の反対発言が、「水曜集会」開催自体への反対と曲解されたり、かの女自身の問題認識が誤解を招いたりしたものである。そうした不本意な自らの発言のマイナスの役割に気付いたかの女は、「正義連」の現理事長と面会し、7月8日、（「もう水曜デモには出ない」と発言していたのに）1447回目の日本大使館前「水曜集会」に参加して、

「平和の少女像」守護のために座り込みを続けている「反日反安倍青年学生共同行動」を励まし、「少女像は私自身でもあり、何人ものハルモニの役割をしている」、ソウルだけでなく韓国各地や日本にも立て、「最後は東京のど真ん中に立てなきゃ！」と発言し、とりわけ若い世代への教育と国際交流を広げるために、世界各地での「水曜集会」開催や「慰安婦」歴史教育館開設を求めた。

かの女の発言が誤解や問題を招いたというのは、「正義連」前代表の尹美香が国会議員になったことに李容洙がつよく反対した場合も、かの女自身が同じ国会議員になろうとした（落選）事実があり、その矛盾発言の理解は困難であるが、「今でも尹美香さんが一緒に問題を解決しようと来るなら、一緒にやりますよ。」と発言していることを見落としてはならない。また、李容洙が日本軍「慰安婦」制度の被害者を「性奴隷」と呼ぶことに強く反対し、「日本軍「慰安婦」被害者」と呼称すべきだと主張した事実は、2015年12月末の「日韓合意」において「非公開の合意」の一件として、「今後「性奴隷」という表現は使用しない」ことを強く求めていた日本政府サイドにとっては、躍り上がって喜びたい主張であった。

これについては、同じ被害者を「日本軍性奴隷」と把握する理解こそが世界史的に定着しており、本書が李容洙の主張を認めないことは明らかである。日本軍「慰安婦」（制度）という表現は、日本軍「性奴隷」制度の実態と日本政府の責任そのものを隠蔽し、ハルモニたちの名誉と尊厳を差別・侮辱する日本帝国主義の「権力の言葉」そのものである。

保守系マスコミによる「正義連」非難の渦中の6月初旬、文大統領は「「慰安婦」運動の大義はしっかりと守られなければならない。運動30年の歴史は、人間の尊厳を守り、女性の人権と平和のための歩みであり、その市民運動は世界的な人権確立の運動として根付いており、その成果は決して否定したり、貶めたり出来ない歴史である」と適切な「正義連」運動擁護の発言をした。また、「日本軍「慰安婦」問題解決全国行動」の共同代表・梁澄子は、5月13日に、「日本政府、日本社会こそが責任を問われている」という声明を発表し、「未だに日本政府に責任を取らせることが出来ていない私たちは、日本の市民として、その責任の重さを痛切に感じ、深く恥じ入る他ない心情だ。」という、私たち主権者日本国民にとって（絶望的なまでに困難ではあるが）一番真っ当な発言をした。

2019年9月、友人（増田都子）から浅井基文の8月25日のブログ「日韓関係悪化の責任は100％安倍政権」を紹介された。1945年の敗戦時に、父親が戦争責任をとって小学校校長を辞職した稀な人物の息子ということで、その名前を特別に記憶していた浅井基文（九条連共同代表、元外務官僚、元ヒロシマ平和研究所所長）なので、関心をもって読んだ。

その内容は、まるでこのブックレットの結びの文章として執筆されたかのような、全面的に共感できる内容なので、本書の結びにかえて、以下、浅井基文のブログの内容を紹介する（カッコ内の補正は安川による）。

安倍政権の重大な誤りは、（本冊子でも詳述した）過去の戦争責任及び植民地支配に関する法的責任を認める大きな流れが世界的に確立しているのに、これに逆らい、安倍首相と日本政府が法的権利として確立した個人の尊厳・基本的人権を認めない点にあります。

安倍政権がかたくなな姿勢に固執するのは、日本の戦争・植民地支配の責任を認めた場合に（は）天文学的数字の賠償・補償に応じなければならなくなることに対する抵抗があります。

しかし、もっと重大で根本的な問題は、安倍首相を筆頭とする日本の右翼（極右）支配層（中心は「日本会議」）が、日本の戦争責任・植民地支配責任を否定する歴史認識（聖戦論）に固執していることです。彼らの歴史認識にかかれば、神聖不可侵の天皇に直属する「皇軍」が従軍慰安婦（日本軍性奴隷）調達、（労働者の）強制連行などに手を染めることはあり得ず、朝鮮半島の人々は自発的に「慰安婦」（性奴隷）となり、日本内地で契約労働に従事した（安倍首相の表現では「徴用工」ではなく、「朝鮮半島出身の労働者」）、とされてしまうのです。

問題の本質は正にここにあります。だからこそ、この問題に関して「足して2で割る」式の妥協的解決は許されない所以があります。私たちは、（「アジア女性基金」を批判し、2015年末の「日韓合意」に反対し、「徴用工」問題への最高裁判決を支持する）韓国に（基本的に）100%の理があること、（「日韓合意」を1ミリたりとも動かせないと主張し、「少女像」の撤去を要求し、「徴用工」問題に対する韓国最高裁の真っ当な判決への政経分離原則を無視した誤った対応をするなどの）日本に（基本的に）100%の非があること、日韓関係悪化の責任は、（基本的に）100%安倍政権にあることを内外に明らかにしなければならないと思います。

そして、今日の事態を作り出した「1965年日韓体制」を根本的に清算して、個人の尊厳・基本的人権の尊重を基調とする21世紀にふさわしい日韓関係の構築がもとめられていることを日韓両国民の共通認識に据える努力を行っていく必要があると確信します。

なお、浅井は上記ブログから半月後に、「重慶大爆撃の被害者と連帯する会・東京」と「村山談話を継承し発展させる会」が共催した「日韓関係を破壊する安倍政権」という表題の緊急講演会で講演した。その内容は上記ブログをより強力に補完する内容となっているので、ネット掲載の資料に基づいて紹介する。

このブックレットでも、私の30年来の大学生アンケート調査結果「日本の大学生の惨めな歴史認識と未熟な男女平等意識」に基づいて、日本の若者の保守化・右傾化の様相を伝えたが、浅井は、「現在の40代後半より下の世代」の若い日本人が、「アジアに対する侵略戦争・植民地支配を否定する教科書」で学ばされるようになったため「安倍政権の強力な支持基盤」を形成している旨を指摘している。

日本軍性奴隷問題や「徴用工問題」について、日本のマスコミが国際的な議論に目を閉ざしたガラパゴス的報道に偏向している事実を本書で詳述したが、浅井はその事態を「政権の情報をたれ流す大本営マスメディア」の一言で断罪している。

また浅井は、「政府に支配される日本国民の底流にある「お上」意識、「既成事実への（安易な）屈服」、「過剰集団同調」を批判しているが、これについては、なぜそうなっているかも含め、私の新著『日本人はなぜ「お上」に弱いのか』（高文研）において縷々詳述した。

「日韓関係悪化の責任は100％安倍政権にある」ことを繰り返し主張する浅井基文は、最後に、感嘆符まで付して、「日韓関係（日朝関係）悪化の根本的責任は、安倍政権のデタラメに流される主権者・日本国民にある！」と力説している。その指摘に全面的に共感する思いを、私は、先に日本軍「慰安婦」問題解決「全国行動」共同代表の梁澄子（ヤン・チンジャ）の主張の引用で表明した積りである。

主権者日本国民自身が「日本政府に対して…・「慰安婦」問題（や「徴用工」問題）の本質に立ち返った認識を示すよう働きかける他に解決の道はない」のである。

〔表紙の写真は、しんぶん赤旗提供〕

著者
安川寿之輔

1935年、兵庫県に生まれる

神戸大学教育学部卒業

名古屋大学大学院教育学研究科博士課程修了

名古屋大学名誉教授、教育学博士、
不戦兵士・市民の会東海支部代表。

宮城教育大学、埼玉大学教育学部、
名古屋大学教養部・情報文化学部などに勤務。

著書

『日本近代教育の思想構造』(新評論)

『十五年戦争と教育』(新日本出版社)

『女性差別はなぜ存続するのか』(明石書店)

『日本の近代化と戦争責任』(明石書店)

『部落問題の教育史的研究』(明石書店)

『福沢諭吉のアジア認識』(高文研)

『福沢諭吉と丸山眞男』(高文研)

『福沢の教育論と女性論』(高文研)

『日本人はなぜ「お上」に弱いのか』(高文研) など多数。

混迷する日韓関係打開の道
日本の戦争責任・植民地支配責任と「日本軍性奴隷」問題
発行：2020 年 9 月 18 日

著者：安川寿之輔
発行：ほっとブックス新栄
発行者：藤田成子
461-0004　名古屋市東区葵 1-22-26
電話:052-936-7551　　FAX:052-936-7553
印刷・製本：エープリント

ISBN978-4-903036-36-6　C0031　¥1000E